清朝热搜榜

王朝哀歌卷 →

黄荣郎 著

中国法制出版社
CHINA LEGAL PUBLISHING HOUSE

序 言

之前有一次回乡下祭祖,我在家族宗祠中发现了清朝时由福建渡海到台湾的先祖的名字,他是我爷爷的爷爷的爷爷(说实在的,我这不肖子孙竟有点记不清楚到底是隔了几个爷爷),这是我第一次感觉到历史离我这么近。清朝,就是这么一个既陌生又熟悉的朝代。朋友中,有人在高科技公司上班,但他几代以前的阿公却是清朝的王爷;有人打扮得充满时尚感,但小时候曾见过缠着小脚的祖母;也有人住在高楼豪宅中,而其祖屋却是百年前留下来的传统建筑。我们或许说不出宋代、明代的古人和我们有什么关系,但清代的古人却或多或少与我们有些关系。

在爱新觉罗氏的指挥之下,清朝开创了傲视全球的康乾盛世;在西方科技与武力的叩门声之中,沉睡已久的清朝受到了前所未有的冲击;在新思潮的兴起之下,传承了两千多年的封建君主专制政体迅速崩溃瓦解。清代是一个充满矛盾与冲突,兼具荣光与哀歌的新旧交替的时代,中国的历史长河在清代汇入了国际化的大洋之中。《清朝热搜榜》系列便是试着在与历史对话的过程中去传递过往的记忆,去追溯大清的真实样貌。

我在编写《战国热搜榜》系列时,为了搜集足够的史料而遇到许多难题,这次的困难之处却完全反过来了。由于清代离我们较近,遗留下来的材料可说是有如瀚海一般,实录、传记、行状、地方志、笔记,以及学界的专著论文可说是多到令人窒息的地步。如何删减裁切，让读者能看得精彩又不至于晕头转向，反倒成了《清朝热搜榜》系列最困难的地方。虽然清朝的历史应该追溯到一五八三年努尔哈赤以十三副遗甲起兵，但因为"创业"时间拉得较长，为免影响紧凑感，我把这一部分留在《明朝热搜榜》系列再写，所以本系列从公元一六二六年努尔哈赤的最后一场战役写起，一直到辛亥革命成功的一九一一年结束。

《清朝热搜榜》系列共分五册，前两册以轻松的方式再现辽东争霸、明亡清兴的惊险过程，展示皇太极内固皇权、外并天下的秘闻，重现闯王李自成攻占北京、吴三桂引清兵入关的场景，窥探摄政王多尔衮、顺治帝福临两人之间的恩仇，鄙视南明诸王苟延残喘、互扯后腿的闹剧，展现郑成功驱逐荷兰人、收复台湾、抵抗清军的豪壮，以及康熙智擒鳌拜、平三藩收台湾，一统天下的气势。三册、四册则重现康乾盛世的荣光，再现康熙大帝执政的心路历程，窥探诸位皇子为储位的明争暗斗，展现四爷雍正高深莫测的政治手腕。在赞叹乾隆缔造了盛世的同时，也垂泪于东方巨龙的闭关沉睡。最后一册则写尽曾经睥睨天下的大清，从当世富豪变成破落户的辛酸，以及一次次与外敌对抗所带来的屈辱。

除了专题报道，以及可以快速轻松查考及搜索历史事件的"热搜事件榜单"之外，我也特别在相关的时间点上，加入了一些国际要闻，以便让读者更好地了解清朝与当时国际趋势之关系。在每一年的版头都清楚地标注了事件发生的年代，内文涉及月、日的部分，为了与古籍记载相符，都采用阴历，以免读者混淆，不便之处，还请读者见谅。在一些皇帝名字后面的庙号，其实是要等到人死了之后才会给的，只是为了方便读者在熟悉的传统人物印象与本书角色之间切换，才特别以括号注记。另外，顺带一提的是，清初的发辫并不像清宫剧人物那样潇洒有型，其实只在脑后留了大约一个铜钱的大小，绑起来的辫子有点像老鼠尾巴。那样子实在是过于滑稽，丑到连我自己也画不下去，为免英雄人物的形象在读者眼前幻灭，所以还是美化了一下，要提醒各位读者不要搞错了。

当年，西方列强高举殖民主义旗帜，以武力强行打开中国市场，用鸦片赚取高额暴利；当年，民不聊生、赤字高悬，达官显贵依然过着奢华的生活；当年，人们看到一次又一次翻身的机会，却又一再让机会从指缝间溜走。而轰隆的枪炮声及人民的怒吼，就宛如为大清国特别谱写的哀歌。鉴古知今，唯有学到历史的教训，才能不再犯下错误。真实地写史，是身为一个历史作家的责任，但了解并创造新的历史，是所有两岸中国人共同的义务。我们知道，百年前的昨天，从云端跌落的古老中国惨遭列强欺凌；但我们希望，百年后的今日，自谷底重生的新中国能让世界致敬。

或许有些人会觉得历史是一些老掉牙的东西和故事，对生活没有什么帮助，不如看些励志、理财、健康、美食或是科技方面的书比较实用。其实我年轻时也这么认为，但一直到进入社会之后才发现，做事是本分，做人才是关键。做事的方法你可以凭着自己不断的努力去领会，但做人的道理却必须借着一次又一次的错误，才能领会。有很多时候你吃了同事或老板的闷亏，才会恍然大悟；有很多时候你说了不对的话，或做了一些错误的决策，才会感到追悔莫及。其实这些，历史上已经出现过很多次了，它就像一面明镜，反映出人类不断重复的行为模式。当你把历史故事转化为智慧的时候，就会发现它是最实用的一门课程。毕业之后，以前所学的微积分之类的科目，几乎没有在生活中派上用场。而写作过程中大量接触到的历史故事，却让我更能洞悉事情的发展脉络，更能做出正确的判断与恰当的反应。千万不要以为你我和古人有什么不同，我们和古人的思考模式并没有区别。所谓鉴古知今，就是借由古人的经验，让你有了了解现在的能力。而人生的胜负，往往只取决于几个重要的抉择点，以及一念之间的差异，不是吗？

不管这个时代的我们身处何处，数千年同源同种的历史文化，却是中华儿女共同的根与骄傲。谢谢中国法制出版社的诸位前辈，在编辑过程中给予的指导与协助。希望这一系列的出版，可以帮助读者们用更轻松的方式获得乐趣与知识，在朋友间晋升为历史达人。谢谢正在翻阅这本书的朋友们，愿意让我的创作占用您一点点美好时光。

目 录

第一章　金田起事　英法入京　　　　　　　1
　　　　（公元一八五〇年~一八六〇年）

第二章　慈禧垂帘　洋务革新　　　　　　　61
　　　　（公元一八六一年~一八七五年）

第三章　甲午战败　哀歌响起　　　　　　　103
　　　　（公元一八七六年~一八九五年）

第四章　自强不息　辛亥革命　　　　　　　153
　　　　（公元一八九六年~一九一一年）

热搜事件榜单　　　　　　　　　　　　　　205

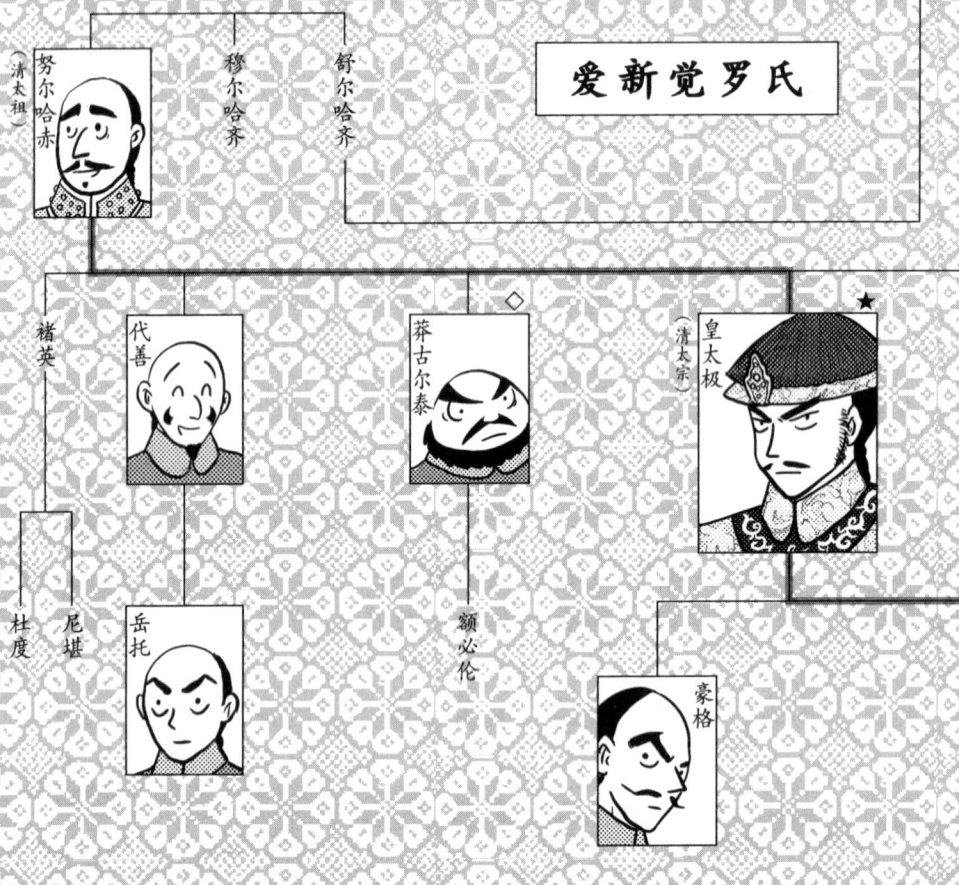

德格类

阿济格

多尔衮

多铎

福临
（清世祖）
（宸妃海兰珠之子）

备注

宸妃之子及董鄂妃之子均早殇，未取名。

皇族世系表（部分）·大明

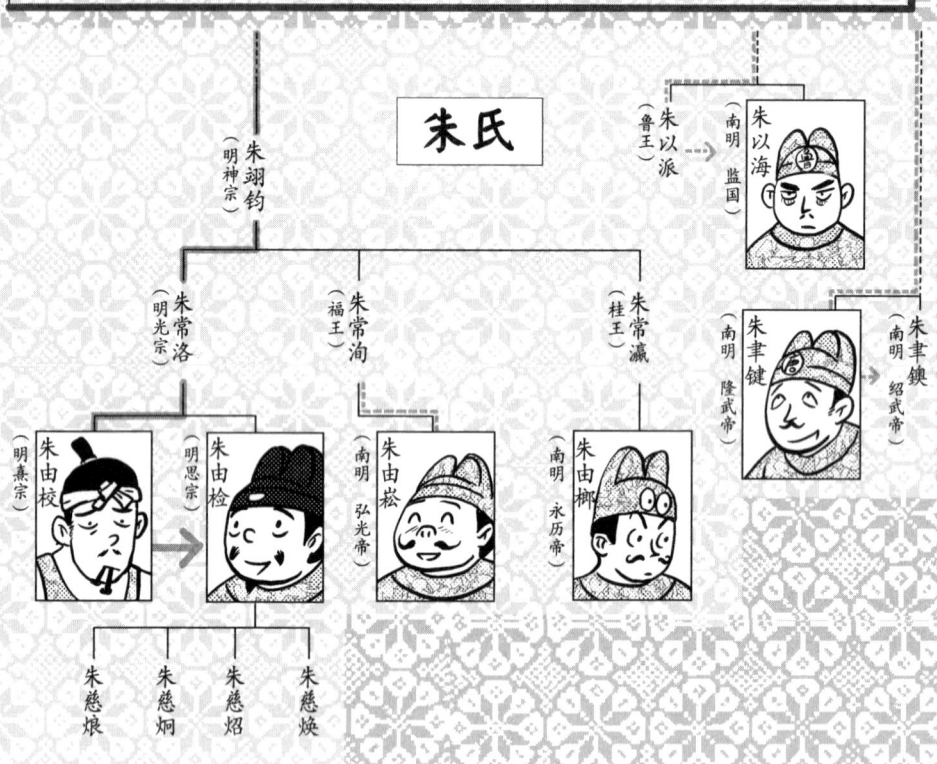

注：本页登场人物中，"庄妃"和"孝庄太皇太后"实为一人，因前后形象差异较大，故同时列出。

重要登场人物·大清

百龄
杨芳
奕山
端方
载泽
毕沅
胡雪岩
李光昭

重要登场人物·大明

袁崇焕
魏忠贤
毛文龙
祖大寿
曹文诏
卢象升
左良玉
张凤翼
苗胙土
杨嗣昌
孙传庭
吴阿衡
高起潜
贺人龙
周延儒
史可法
李建泰

重要登场人物·其他

重要登场人物·其他

第一章

金田起事　英法入京

（公元一八五〇年～一八六〇年）

本章大事件

公元一八五〇年
- 拜上帝会金田起事

公元一八五一年
- 太平天国成立 洪秀全自称天王
- 太平军分封诸王 权归东王杨秀清

公元一八五二年
- 太平军转入湖南 冯云山伤重身死
- 丁忧侍郎曾国藩受命办团练 协防乡里数十位官员获委任

公元一八五三年
- 北伐部队受困严冬 孤军深入前景堪忧

公元一八五四年
- 湘军练成 初显威风
- 俄舰驶入黑龙江内 建村设炮严重侵权

公元一八五五年
- 穷途末路被处死 北伐行动告失败

公元一八五六年
- 翼王东返回击 攻破江南大营
- 天京事变！洪秀全密诏勤王军 韦昌辉血洗东王府
- 英军找借口炮轰广州 叶名琛淡定置之不理

公元一八五七年
- 英法结成同盟 将迫中国修约
- 英法联军炮轰广州 总督叶名琛遭俘虏

- 俄军武力恐吓奕山
  中俄《瑷珲条约》签订

- 外军直入天津
  清廷危在旦夕

- 英法出兵俄人得利
  中俄签订《天津条约》

- 英法败敌八里桥
  圣驾北狩走热河

- 中英法签订《北京条约》
  沙俄趁机扩张领土

- 新设总理衙门
  专责处理外务

公元一八五八年　　**公元一八五九年**　　**公元一八六〇年**

- 英使换约强入大沽
  炮台狂轰守军大捷

年度热搜榜

【道光三十年】公元一八五〇年

道光驾崩　奕詝建元咸丰　奕訢受封亲王

道光驾崩之后，留下一大堆烂摊子等着新继位的咸丰皇帝处理

元月十四日，享年六十九岁的道光皇帝旻宁于圆明园中病逝，他在病危之时召集诸王公大臣当众打开传位密旨，将皇位传给二十岁的皇四子奕詝，并同时册封皇六子奕訢为和硕恭亲王（第一等爵位）。政治评论家表示，在之前诸位先帝的传位诏书之中，向来只会写明接班的人选，像这样还特地将另一个皇子加封为亲王的不寻常情形，到目前为止还是第一次出现。据闻，当初旻宁也曾为了立储问题，一度在奕詝与奕訢两人之间犹豫难决，但最后还是选择了年龄稍长、性情方面也较符合他要求的奕詝。纵使一般认为，六阿哥奕訢才智及应变能力均优于四阿哥，但当装着传位诏书的匣子打开之后，仍是由奕詝（清文宗）坐上大位，建元"咸丰"。虽然奕詝继位的年龄只比乾隆皇帝小了几岁，但相较于弘历从父亲手中接下的强盛国家，他接手的却是道光皇帝所留下的一堆烂摊子。如何喂饱这个庞大国家的四亿人口、镇压国内永不停息的动乱、抵御船坚炮利的洋人入侵，都是这位年轻皇帝将要面对的终极考验。

广西会党四起　河南捻军起义

广西诸多州县由于会党四起，已经造成地方上极大的动荡，虽然广西巡抚（地方行政长官）郑祖琛已奉命督率文武官员分路掩捕，但三合会仍在陈亚溃（原名为陈亚贵，官方为丑化故意将其改名）等人的带领下，连陷修仁、荔浦等地，然后逼近省城桂林。两广总督徐广缙在得报之后，已从广东急调两千名军人助剿。另外，河南的情况也好不到哪里去，四处横行的捻军不但劫掠地方，还窜入邻近各省，令政府伤透了脑筋。由于各地民变四起，官军的调度显得有点捉襟见肘，所以不久前清廷已经传下密谕，要督抚们就地劝谕士绅商民举办民兵团练，或是出资助饷，以协助政府军迅速剿平各地的动乱。

许多政府高官因为跟一位假道士学习按摩技术而丢了官

道士假行医真敛财　官员学按摩也丢官

就在不久前，警方破获了一起道士假行医真敛财的案件。已经被逮捕的道士薛执中被控涉及多起改名易装，借着行医治病或帮人按摩的名义，到处招摇撞骗的事件。在司法单位深入调查之后，嫌犯已依诈财行骗、煽惑人心、擅议时政之罪名而被判处斩监候（死刑，但暂时收押在狱等候执行）之刑。而受到本案牵连的，除了因未及时缉拿而被革职的一些官员以外，还有被查出曾经延请薛执中治病或随其学习按摩的吏部尚书文庆、护军统领丰绅等高级官员，也都一并遭到革职的严厉处分。

港督文翰北上会商
入广州事仍谈不拢

因广州入城问题而率舰北上的香港总督文翰,于日前率舰抵达上海,与两江总督(地方行政长官)陆建瀛就此事进行会谈,并要求转递英国政府致首席军机大臣(高级官员)穆彰阿及大学士耆英的照会。但刚坐上大位不久的奕詝在收到报告之后,便命陆建瀛劝文翰南下,只准其与身兼五口通商事务的两广总督徐广缙交涉。由于清方态度坚决,文翰在多次尝试之后都毫无结果,最后也只能垂头丧气地返回香港。不过研究国际情势的学者也提出警告,依英国人的行事风格来看,绝不可能对此事善罢甘休,清廷势必要有再次面对军事挑衅的决心,并做好万全的准备,否则必将付出惨痛的代价。

四川再传强震 两万余人殒命

不久前西昌地区又发生强烈地震,在一阵天摇地动之后,不但县城内的衙署、监狱、仓库全数倒塌,还造成二万零六百余人被压死的惨剧。另外,受伤的人则是不计其数,财产损失更是无法估算,目前政府已经全力投入救灾的行动当中。如何在财政短缺的状况之下,尽快做好赈灾及抚恤的工作,将是对政府的一项严峻考验。

不倒首揆穆彰阿议事模棱　内阁大学士耆英崇洋媚外
咸丰一纸诏书　　双双被拉下台

继位已经八个月的奕詝忽然于日前无预警地颁下了一道"罪穆彰阿、耆英诏"。以穆彰阿在道光朝办洋务时排斥异己,诬陷达洪阿、姚莹等人,又在咸丰帝亲政后议事模棱,而耆英崇洋媚外,有损国体等之罪名,下令将首席军机大臣(高级官员)穆彰阿革职永不叙用,大学士耆英则是降为五品顶戴,以六品员外郎(中级官员)候补。政治评论家表示,道光朝的当红首辅穆彰阿,靠着他"多磕头、少说话"

以"多磕头、少说话"的绝招走红道光朝的首辅穆彰阿终于下台

的马屁本事揣摩圣意,长居政坛而不倒。其间更利用职权拉拢官员,形成了一个人称"穆党"的势力团体。种种行为,早就让奕詝想把这个前朝权臣给除掉,但又碍于朝中尽是穆党,自己的权位尚未稳固,所以在经过几个月的安排筹划之下,终于在日前出手将他拉了下来。穆彰阿、耆英的倒台,除了宣告咸丰时代的来临以外,也代表清廷今后将采取更为强硬的态度来对抗入侵的西方各国。

拜上帝会金田起事

由洪秀全所领导的拜上帝会在吸收了附近的会党力量之后,在桂平的金田村起事,向驻于平南县之官军发动猛攻。虽然政府及时调来援军进攻金田,并与一万余名起义军激战,但最后官军仍是败下阵来。而这支起义军也在击破官军之后,声势迅速扩大,对广西造成极为严重的威胁。而在基督教教义中,原本是天父独生子的耶稣,也在这个教会组织中多了好多家人。除精神领袖洪秀全是耶稣的二弟外,创会元老冯云山变成天父的第三子,而之前被天父附身传旨的杨秀清则成了天父的第四子,至于多次代耶稣发言的萧朝贵,也因为娶了天父的女儿洪宣娇(本名杨云娇,为洪秀全结拜的妹妹)而成了天父的女婿。

年度热搜榜

【咸丰元年】公元一八五一年

洪秀全虽然自称天王,但实际上大权都在杨秀清手中

太平天国成立　洪秀全自称天王

　　拜上帝会会众组成的起义军自桂平起事之后转入武宣,随后又兵分三路击退了来犯的官军。在取得初步的胜利之后,洪秀全便在众人的拥立之下在武宣建立"太平天国",于二月二十一日登基称为"天王"。不过据了解,由于杨秀清、萧朝贵三五不时地就会被附身显灵,然后以天父或耶稣的身份来指导军国大事,弄得身为耶稣弟弟的洪秀全,不得不对天父上身时的杨秀清,以及耶稣附体时的萧朝贵恭恭敬敬的。所以太平军的实权,可以说大多掌握在杨秀清、萧朝贵的手上,洪秀全已渐渐地被架空,成为精神领袖了。

陆有捻军水有海盗 大清官军应接不暇

根据地方政府的汇报，河南、安徽等地区近年来捻军横行，分别结党数百或数千人，已经造成治安上的一大危机。而捻军之所以出现，是因为在一开始，这地区的游民会在节庆的时候点燃浸泡了油脂的纸捻来做法，为人驱灾以赚取香油钱，久了之后，这样的游民便聚成一小股一小伙儿的"捻子"，对现状和清政府的不满使他们逐渐演变成起义军。特别在荒年歉收，百姓生活无以为继的时候，加入捻军的人数也就跟着增多。虽然

目前清廷已经下令地方官员尽力剿除捻军，但令政府头痛的事还不止于此，登州水师最近在对付海盗时也吃尽了苦头。以布兴有、布良大两兄弟为首的闽粤海盗集团，已经将势力范围向北扩张到山东沿海，而且装备及实力都不容小觑。之前海盗与登州水师才一交手，水师官兵便尽皆落水，还被掳去九艘战船。目前清廷已急命山东巡抚驰往登州，调集三营水师准备进剿。

太平军占领永安

以"天王"洪秀全为首脑的太平军，以全军将近四万人的实力，在平南大破向荣所带领的大清正规部队，并于闰八月时占领永安城。这支由农工游民所组成的太平军，原本只是些没有受过专业训练的乌合之众，但之所以能够发挥惊人的战斗力，以几乎疯狂且不怕死的作战精神，屡屡打败大清的正规军，与太平天国领导人善于调动下属的积极性有关。据记者所获得的情报，太平军在作战前，杨秀清、萧朝贵等人常常会借着天父、耶稣附身来发表精神讲话，鼓舞全军的士气。而洪秀全也发下诏令，允诺所有与他一同打

江山的信徒，将因功获得丞相、检点、指挥、将军、侍卫、军师等不同等级的封赏，就算是战死升天，日后在天庭的官爵封赏也将累世世袭。由于有了对未来无限的期望，所以这些被称为"长毛"的太平军打起仗来，就变得英勇无畏。太平军在进入永安之后，洪秀全已经下诏将各军所抢得的所有金银财物全数缴入"天朝圣库"之中不得私藏，以统一管制及运用。而清廷在得知永安失陷后，也立刻调集大军，分南北两路对永安展开猛攻，但因太平军坚守不退，所以清军至今仍未能攻下。

英国对华政策改变　改与法国联手施压

据可靠消息来源，由于这几年来国际情势的改变，英国已经放弃了原本要将大清吞并为殖民地的计划。因为他们发现大清是一个高度集权的国家，根本不可能复制印度经验把大清国分而治之。同时，也由于法、美等国已经快速进入这市场分得一杯羹，使得英国鲸吞独占的大好时机已经不复存在。所以英国政府改变政策，要与西方诸国一起用武力来逼迫大清政府，在不平等的条约下，全面开放沿海及内陆市场，来达到赚取大量财富之目的。等到大清全面开放之后，由于英国在华的经济规模早就远大于其他各国，所以最后真正得利的也只有英国而已。虽然美国人似乎因识破了英国人的动机而不愿意加入此阵营之中，但法国方面已对此行动表达了高度的兴趣。

太平军分封诸王　权归东王杨秀清

太平军在进入永安安置妥当之后，于十月在城中大封诸王。其中掌握全军实权的"左辅正军师"杨秀清被封为"东王"，称九千岁，管治东方各国；"右弼又正军师"萧朝贵为"西王"，称八千岁，管治西方各国；"前导副军师"冯云山为"南王"，称七千岁，管治南方各国；"后护又副军师"韦昌辉为"北王"，称六千岁，管治北方各国；左军主将石达开为"翼王"，称五千岁，羽翼天朝。诏令诸王皆受东王杨秀清节制。同时，在南王冯云山的构想基础上，建立了太平天国初期的官制、礼制、军制，并推行自创的历法"太平天历"。不过也有人指出，太平天国在初起之时便分封诸王，时间上可能有点太早了。因为接下来要是诸王再有战功的话，那要再往何处升等？难不成把九千岁也升成万岁，那不就出现两个万岁爷了吗？这个问题是太平天国高层所必须谨慎思考的。

海盗投降缴械获赦

早先在山东登州海口击败官军水师，并掳去多艘水师船舰的海盗布兴有兄弟，在三营的大清水师围剿之下，已于日前窜逃到福建海面，并主动向政府军请降。在呈缴之前所掳来的二十余艘水师船舰、二百余名水军、近三百名商船水手，以及三百余门铁炮之后，清廷已传谕给予特赦，答应不追究六百余名海盗的刑责。

—— 对教义一知半解　太平天国闹笑话 ——

据宗教学者表示，洪秀全因为本身对天主教教义一知半解，而在创立太平天国的时候闹了不少笑话，其中一个就是把"圣神风"的封号给了杨秀清。所谓的"圣神风"，其实就是"圣灵"的另一个译名，而在天主教的教义中，天父、耶稣、圣灵是同列神格的，这比自称为耶稣弟弟的洪秀全还高了一等。不过，洪秀全在与天主教的传教士争辩教义时，还是坚持说这个"圣神风"并没有什么，因为就连石达开也有个叫作"圣神电"的封号。另外，信奉天父、基督的太平军，基于不准崇拜其他异端偶像的教义，竟然不识天主堂里面的圣母圣婴像，而错把圣母当作送子观音，然后全都砸个粉碎。诸如此类的趣闻，已经让西洋各国的传教士有点哭笑不得了。

年度热搜榜

【咸丰二年】公元一八五二年

清大军围困永安　太平军转攻桂林

太平军占领永安之后，由各路调来的清军自去年底开始陆续进逼，先由向荣及乌兰泰所领的部队分由南北两路强攻，随后赛尚阿又统率大军于城北三里处安设大营。其间虽然太平军屡次出兵突击清军大营，但均被清军给击退，清军同时发动反击，以重炮狂轰永安城，还用重兵堵截对外的交通要道。受困在城中的太平军因为粮食及弹药即将耗尽，只好于二月中冒雨突围，杀出清军的包围圈。之后虽然先被乌兰泰大败于古苏冲，折损了不少人马，但不久后又反过来大破清军于昭平，然后兵临桂林城下，并于象鼻山上架炮轰击大清守军。三月初，乌兰泰率部队往象鼻山挺进，再次与太平军发生激战。但此役中清军受到挫败，主将乌兰泰在被炮火击伤后不治死亡。目前太平军仍持续对桂林发动攻击，丝毫没有放松的迹象。

华工暴动　海上喋血
可怜华工被拐卖出洋

可怜的华工在船上受到不人道待遇

一艘从厦门出发，满载四百七十五只"猪仔"准备卖往旧金山的英国船只，在二月下旬于海上发生暴动。不过这船上的"猪仔"可不是真的小猪，而是指那些被诱卖到外国去当苦力的华工。由于在船上开伙时，外国水手都会用一个大木盆盛着食物，然后拿到底层又脏又臭、既阴暗且潮湿的货舱中，用那种农家叫唤猪崽的声音要他们前来吃饭，所以这些可怜的民工便被戏称为"猪仔"。而这批华工发现自己将被卖掉之后，不肯就范，便群起杀死英国船主，并在琉球八重山岛登陆。但不肯善罢甘休的英国人不久后便派船登岛，捕拿了二十三名华工，硬是将他们押往外洋。原本，洋人是以较缓和的方式招募穷民出洋工作，不收他们船资与饭钱，但第一年的工作所得则归船主所有。只是这几年来，因为招募不易，所以这些洋人的手段已变得更为激烈。为了满足人口贩子的需求，使用各种方法诱骗，或是直接以武力绑人的案例，近年来在沿海地区可说是层出不穷，初步估计每年受害人数有数千至上万人之多。

太平军转入湖南 冯云山伤重身死

久攻桂林不下的太平军,最后决定放弃原来的计划转而攻打全州。但由于全州守军的顽强抵抗,使得整个攻击行动显得格外艰辛,南王冯云山也在攻城过程中被炮火击中而身负重伤。不过,南王的意外受伤却激起了太平军的怒火,誓死破城复仇的太平军最后终于轰倒城墙,全军涌入城中,把知州、参将等一千多名守军全都歼灭。随后太平军离城沿水路北上,在全州与永州间的篦衣渡,遭到江忠源所率的乡勇民兵伏击。在激战两天两夜之后太平军损失惨重,只好弃船改由东岸翻越山岭进入湖南地区,而冯云山也在此时因伤重而死。

南王冯云山重伤激起太平军怒火,全州清军遭无情斩杀

总督徐广缙追剿 罗镜凌十八败亡

广东罗镜地区势力最大的凌十八自去年(一八五一年)起事后,影响力扩及广东、广西,人数近万的部队,前前后后与官军发生过上百次的战斗,令政府军伤透了脑筋。在清廷不断地要求之下,两广总督徐广缙亲自督战,经过一年的缠斗,终于在今年六月一举歼灭残存的一千余名起义军,并取下凌十八的首级。

煤工新编土营专掘地道
西王奔袭长沙意外升天

太平军在进入湖南之后，很快便进袭了道州，并在占领该城之后，得到了当地许多反政府会党的响应。为了让人员得到休整，以及增补修复许多攻城及战斗器械，太平军也就地休息了两个月。重新恢复元气的太平军，接着便弃道州继续前进，以极快的速度攻占了郴州，并在此募得了将近三万名的生力军。由于这一批新军之中，有不少是附近的煤矿工人，所以便将这些人另行编立了专门用于掘地攻城的"土营"。就在此时，太平军又探得湖南后防空虚，便派西王萧朝贵率军避开清军重点防御的衡州，由湘东山道向长沙奔袭而去。不过就在进攻作战时，西王萧朝贵也步了冯云山的后尘，于战斗中被炮火击中而死。清军统帅赛尚阿在得知太平军突袭长沙后，则是紧急调派各路部队增援，终于在城垛已被轰去数尺，即将失守的时候惊险赶到，暂时守住了长沙。

长沙激烈攻防
双方形成拉锯

天王洪秀全及东王杨秀清所率领的太平军主力，于九月时开赴长沙，加入围城猛攻的行列。同时，太平军派出将近七千人的部队，绕至浏阳门外校场，兵分三路向清军各营发动攻击。不过行动不但没有成功，还当场被杀了四五百人。不久，赛尚阿统率的大批清军也陆续开抵长沙并发动攻击，在渔洲击杀了将近三百名太平军。但太平军方面攻城的行动并没有因此而停顿下来，仍是继续对长沙围城猛攻。同时还让新编的土营士兵开挖地道，以地雷轰炸城墙基石，造成南城塌陷出四丈多长的缺口。最后近三千名太平军从这个缺口蜂拥而上，但就在快要成功的时候，清军副将邓绍良却领兵跃出缺口外死命抵抗，虽然他的右臂被枪炮所伤也依旧坚守，终于把太平军击退，化解了一次危机。到了第二天，太平军再度从地底引爆地雷，然后派兵强攻。这次清军将领和春、江忠源等人仍是奋力冲杀，再一次逼退了太平军。

诱卖华工被殴　英军登岸行凶

十月间，有两名在厦门的英国人，因为企图诱卖民工出洋当"猪仔"，在事情败露之后被当地百姓殴打。英国海军却因此而采取报复手段，在三天后派出军舰登岸开枪行凶，造成了当地百姓四死五伤的惨剧。不过，大清官方到目前为止，都还没有要向英方提出抗议的迹象。

太平军转入湖北占领武昌

在长沙与清军形成拉锯战的太平军，虽然之后又以地雷进行了第三次、第四次轰炸，在城墙上弄出不小的缺口，但却仍然无法顺利突破。由于久攻不下，太平军最后只好决定撤围，准备乘着雨势夜渡湘江。为了不让清军发现，太平军在撤围前还派出间谍到城中制造假消息，声称他们正对准了天心阁的方向挖掘地道。等到第二天，被迷惑的清军登城遥望时，才发现城外的营寨早已在一夜之间全部撤空了。成功脱离长沙战场的太平军随后兵锋一转，便往益阳方向前进。但这次因守军早已望风而逃，所以在未遭遇抵抗的情况下，太平军便轻松占领益阳，尽得城内军械粮饷，包括大批吴三桂时期留下的炮械，还缴获了五千艘湖船。有了大批船只以后，太平军便又顺流而下攻占了岳州。在物资粮饷获得补充之后，又弃岳州，分以水陆二路进军湖北。陆路先据蒲圻，水路则是攻陷汉阳并直逼武昌。兵临武昌的太平军翼王石达开部队，于十二月在文昌门下掘开地道，并以地雷炸塌了二十余丈的城墙，接着主力部队于缺口涌入，在击溃守军之后成功地占领了武昌。不过，军事分析师也表示，由太平军的行动来看，其作战方式与传统的起义军相同，都是沿途招聚流民，然后在各地钻隙行军，行踪飘忽而难以捉摸。这样的打法，优点是行动快，集团也得以惊人的速度成长，缺点则是因为没有建立自己的根据地，只是占一城丢一城，若不一鼓作气攻入北京的话，可能不久之后便会遇到瓶颈。

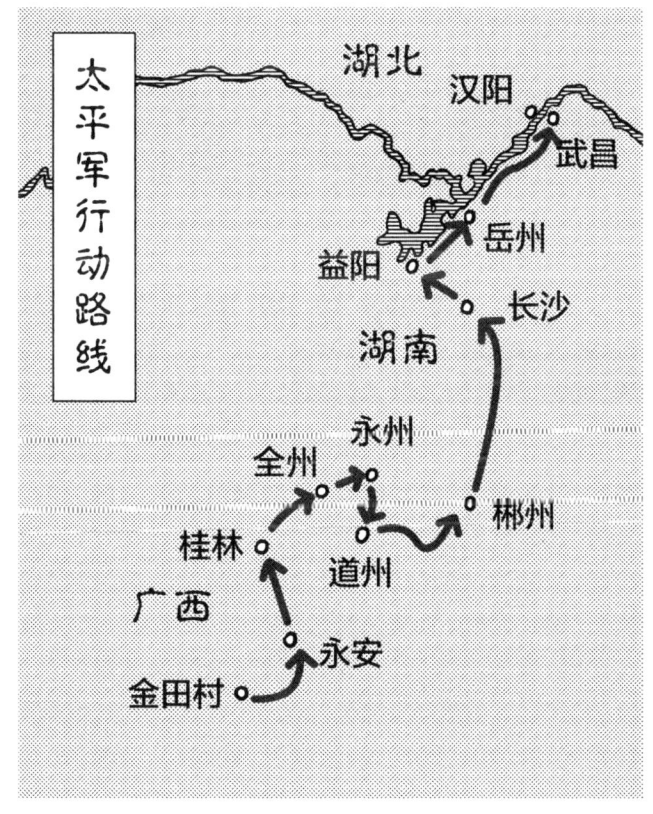

捻军十八铺聚义　盟主张乐行抗清

今年因为河南、安徽等地遭逢大旱，农民生计受到严重影响，使得入捻的人数又突然增多。以张乐行为首的捻军，便聚集了上万人之众，并攻占了永城。不久，好几股捻军齐聚亳州歃血为盟，公推张乐行为盟主，对外号称"十八铺聚义"，正式举起反清大旗。

许多在家等候实缺或是像曾国藩一样正在丁忧的官员，都收到清廷委托办理团练的命令

丁忧侍郎曾国藩受命办团练
协防乡里数十位官员获委任

由于近几十年来烽火遍地，大清国的正规军队在东征西调的作战之下，已逐渐显露疲态，无法满足战争需求。这使得清廷想出另外一个办法，就是让那些因故在家乡等候补实缺，或是丁忧守孝的官员，可以就近协助地方督抚办理团练，也就是组织训练民兵，以协助官军执行当地搜查起义军、保卫邻里的任务。在通常情况下，这些团练的经费会由地方的乡绅来负责，但若配合官军作战时，政府也会拨出经费来支应粮饷。几年来，就有好几十位在籍官员收到这样的谕令，以便分摊督抚的繁忙军务及镇压起义军的责任。正以母丧丁忧在家的前礼部侍郎（高级官员）曾国藩，日前也收到了这样的召唤。只是，不晓得这位官阶从二品的中央部门官员，在湖南办起团练来会和其他人有何不同了。

年度热搜榜

【咸丰三年】公元一八五三年

【专题报道】太平天国的官制

太平天国的最高统治者为"天王",在天王以下为世袭罔替(爵位可以世代承袭而不会递减)的"东王""西王""南王""北王"及"翼王",接下来是受封的诸王,以及次一等的侯。官职部分则是文武不分,职位最高者为"丞相",但丞相又分天、地、春、夏、秋、冬六官,其中又有正副之别总共十二级。紧接其后的为"检点""指挥""将军""总制""监军""军帅""师帅""旅帅""卒长""两司马"等阶层。在编制上以五人为一伍、五伍为一两、四两为一卒、五卒为一旅、五旅为一师、五师为一军。虽然天国名义上的统治者为天王,但其实天王只是个虚位元首,真正的实权掌握在东王手上。东王府不但有被称为"东殿"的独立行政系统,分设六官丞相来管理整个政权的运作,甚至还可以单独举行称为"东试"的科举考试。但就整体制度来看,整个太平天国并没有地方政府的规划,以目前的体制看来,倒不如说是一个大型军营比较恰当。

大清太平两虎相争　西方列强宣布中立

太平军于1853年攻克南京,并决定在南京建都,号称天京。这个消息不但造成了国内极大的震撼,连西方各国也密切关注局势的发展。据闻,英国政府日前已迫不及待地令香港总督文翰乘舰直驶南京,试图与太平天国进一步接触。虽然目前英、法、美等国皆表示将保持中立,不会介入,但评论家也指出,洋人表面上说是保持中立,但实际上并不会丝毫放松入侵的准备。他们极有可能会利用战乱的机会,进一步扩大在华利益,甚至派兵强占领土、夺取租界自主权或海关管理权,然后再视战局的发展,决定下一步棋要怎么走。

曾国藩所训练的湘军虽然成功地平定了许多动乱，但也引起地方督抚的不满

曾剃头文字新解　楚练勇威力成军

去年（一八五二年）受命帮办团练的曾国藩，为了能训练出一支具有作战能力的部队，采取了与其他人完全不同的方法。首先，他挖空心思在皇帝交办的"团练"二字上大做文章。将原本不会远离家乡，只以保境安民为主的团练民兵，硬改成符合本意的"团"，以及另一种可以离乡作战的"练"。在"团"的掩护下，以"练"为机动部队，以便随时可以开赴各地进行镇压。结果不出几个月的时间，曾国藩的"湘军"便真的平定了湖南境内各地的动乱。但随着不停地征战，他和地方官员之间的矛盾也越来越深。因为在消灭起义军过程中，对于所擒获的起义军首领他都直接在军前自定罪名大开杀戒，还得了个"曾剃头"的绰号。但这样的举动，首先大大侵犯了按察使（地方司法及监察长官）的职权，也阻挡了那些想从审判中捞点好处的各级官员的财路。其次，以往团练民兵的指挥权，都是归于地方督抚节制，但曾国藩的部队不但督抚指挥不动，有时官军还被要求随同这支杂兵一同操练，甚至还得出钱帮他养兵。而曾国藩之所以有这种能耐，都是靠着他利用昔日京官的身份，取得专折奏事的权力，直接让皇帝在奏折上批准他所提出的各项要求。由于咸丰皇帝已经被太平军搞得头昏脑涨，所以对于曾国藩不论是从帮办民团到自办练勇，还是拨饷购炮造船的具折请求，只要别从中央要钱又对军事上有利，他都会一概批准。只不过，由于和地方官员的关系越来越恶劣，曾国藩也只好以镇压盗匪为理由，在奏准之后带着他的部队移防衡阳，以避开不必要的困扰。

太平军分兵开始北伐
清兵设江南江北大营

太平军在天京站稳脚跟之后，便决定开始向外扩张。在东王杨秀清的指挥下，冬官正丞相罗大纲不久前已攻占镇江，而天官副丞相林凤祥、地官正丞相李开芳率领的部队，也在横扫扬州之后，开始北伐大作战。势如破竹的太平北伐军，以很快的速度连克浦口、滁州，又破临淮关、凤阳，再下怀远、蒙城、亳州、睢州等地，直指大清心腹之地，形成极为严重的威胁。而清军方面，在徐广缙因调度失宜被革职拿问之后，又重新做了布置，由向荣在南京城东一带设立"江南大营"，而在北岸，琦善也以重兵结下"江北大营"，准备随时夺回南京。

— 上海落入小刀会手中　后续洋人态度成关键 —

继福建小刀会于四月间夺占了海澄、安溪、同安、厦门等县衙后没几个月，上海一支以刘丽川为首的小刀会也跟着起事，在很短的时间内便拿下上海，并活捉了苏松太道（地方行政长官）吴健彰。自知势单力孤的刘丽川，为了能找个靠山来提升自己的身价，在占领上海当天，便亲自到租界里去拜访各国公使，表示上海小刀会是太平天国的分支，希望各国可以保持中立，而他则一定会保证各国租界的安全。虽然刘丽川也立刻向太平军示好，但一来因为上海与天京之间被清军所阻隔，二来因为太平天国的领导阶层认为这批人既不信奉上帝又吸食鸦片，因此刻意对小刀会保持冷漠的态度。一般认为，实力不强的小刀会，既得不到太平军的外援，内部党派又争吵不休，所以前途并不被看好。但要是外国势力介入的话，情况也可能出现戏剧性的变化。上海未来到底会回归大清掌控，还是由小刀会继续管理，或是就此落入洋人手中，关键可能就在于英法等国家的态度了。

趁火打劫　英国人接管上海海关

　　日前在上海租界的英国领事馆发表了一份声明，表示由于小刀会暴动，为了保护海关的安全，将派军舰进入江面进行守卫。同时由于大清政府已经无法在小刀会占领期间行使职权，所以海关将由英国政府暂为代管。虽然这话说得好像是英国好心在帮大清处理问题一样，但记者经过深入调查，发现事实根本不是这么一回事。据一位当时人在现场的美国籍官员所述，当小刀会暴动的那一天，他亲眼见到英国商人带着一批人趁乱闯入海关，将寄存于海关之中尚未扣税的大批货品强行搬走。原来，太平军起兵以来，进口的洋货就面临滞销的窘境，洋商因为货物卖不出去，便先将货品都寄存于海关的库房之中，等到有买主的时候再报关纳税，然后将货物提领出来。而当天由于整个上海一团混乱，连身兼海关监督的苏松太道吴健彰都被抓了，于是英商为了省下关税，便不顾大清海关人员的制止，趁乱把存货都强行搬走了。而海关公署在被英国人洗劫之后，因为门户大开，许多游民跟着潜入行窃。随后英国人又借口说海关被乱民捣毁，而把军舰"斯巴达人号"驶入江面，并派人守卫已成废墟的海关公署。但其实英国人这个动作的目的，纯粹就是防止大清的海关人员回来重新设关，然后以清政府无法行使职权为借口取得海关的控制权。

【国际要闻】黑船来航　日本震撼

据驻日本记者传回的消息，不久前由美国东印度舰队司令培里率领的四艘军舰，驶入了江户湾（东京湾），要求呈递国书给日本官方，并商谈开放贸易的问题。由于日本人从来没见过这种船体被涂成黑色，还冒着烟的怪船，所以当晚江户城（东京）可说是一片混乱，有许多人还为此前往神社，祈求神风将黑船摧毁。在美舰的威胁之下，日本政府无力抵抗，最后只好借口说要天皇批准才能接受这些要求，暂时将事情给拖了过去。而培里也因为还有其他任务在身，所以没有轻易动用武力。但在临去之前，培里也丢下狠话，表示明年还会再来，要日本在这段时间之内做好准备。研究国际情势的学者表示，黑船事件已在日本政坛投下了一颗震撼弹，未来不但开放贸易势在必行，在接受了西方文化及现代化武力的冲击后，幕府制度也极有可能会因此解体，从而强迫日本走向改变之路。至于这条路是通向被西方列强所殖民，还是会让国家脱胎换骨，就要继续观察了。

——太平军北伐**打进直隶**　大清出重兵**护卫京师**——

一路势如破竹，在北伐途中战绩惊人的太平军由汜水渡河，攻克了温县之后，入夏便开始对怀庆展开围城攻击。但因清军坚守不退，久攻不下的太平军便只好撤围改打潞城与黎城。气势正盛的太平军部队随后进入直隶，先是夺下临洺关，接着又大破沙河县，然后冲破深州、沧州二地。为了护卫京师，清廷亦派出重兵与太平军在天津激战。虽然双方在此役中都付出了惨重的代价，但最后清军仍以优势兵力将太平军给暂时困住。由于敌军已经打到家门口，所以目前北京方面已经宣布戒严，整体情势可说是非常紧张。

打仗烧钱速度太快
政府滥印钞票应急

由于各路军需饷银耗费惊人，咸丰为了能彻底击垮太平军，不但从户部库银大笔拨支，从各地封贮银中调集，甚至动用他内务府的私房钱也毫不手软。只是打仗烧钱的速度实在太快，就算是把府库的银两全都搬出去，把宫廷内大量的精致工艺品及金饰都拿去铸钱，也无法支应所有的开支。日前，内务府已经向皇帝告急，表示皇帝小金库的存银只剩下四万一千两，已无法再额外支应战争的任何开支。而户部的国库存银情况也好不到哪里去，算一算竟然只剩下二十九万两，连在京官兵的薪水都发不出来了。为了解决财政困境，政府除了缩减文武官员以及兵丁的薪俸之外，还开铸了面值五十、数百、上千的大钱，甚至大量发行面额最高达五十两的大清宝钞，以及面额一千文到十万文、一千万文不等的钱票，来作为应急发饷之用。财经学者表示，减薪欠饷将导致士兵因闹饷起事而增加动乱的机会，滥发大钱及纸钞也将引发更为严重的金融灾难。政府如此无限量地发行自己没有能力兑现的纸钞钱币，将使得国家信用破产，引发无法控制的通货膨胀，到时全国经济将陷入停顿甚至瓦解的困境。

政府开始大量印制钞票来应付打仗的庞大花费

北伐部队受困严冬　孤军深入前景堪忧

因太平天国高层把主要战力都放在保卫天京的重任上，又让翼王石达开分领了一部分的兵力西征以保证首都的物资供给，使得已经打到天津的北伐士兵成了一支孤军作战的部队。而随着时序渐入寒冬，北伐军最可怕的敌人也由清军变成了天寒地冻的北国气候。这些习惯在两广山区赤足行走的南方部队，既没有可供保暖的衣物，也没有在严冬中打仗的经验，再加上北方的粮食吃起来又不习惯，因而陷入了饥寒交迫的窘境。而这时，清廷已经调动了由科尔沁郡王（第二等爵位）僧格林沁所率领，以勇猛剽悍闻名的蒙古铁骑入关助剿，眼前的局势对于北伐军可谓极为不利。

年度热搜榜

【咸丰四年】公元一八五四年

天王妻妾成群 南京皇城扩建

打从去年（一八五三年）定都天京后不久，洪秀全便下达了扩建皇城的命令。虽然这座动员了无数男女工匠日夜赶工，规模不在北京城之下的天京新城，在初步工程完竣后便意外失火而烧成灰烬，但洪秀全仍在日前下令在原址上重新建一座规模更大的皇城。由种种迹象来看，占领天京的太平天国高层，并没有真的要挟气势攻下北京的长远计划。天王洪秀全原本只是个失意书生，而掌握实权的东王杨秀清亦是烧炭工出身，相较于本来的一贫如洗，如今已是叱咤风云，在南京这个天堂般的地方享尽荣华富贵，身边的娘娘也变多了。原本也只有数万精锐士兵的太平天国，在地盘扩大后可能也不会全军北上了。否则，要是太平军主力一鼓作气北上的话，以清军的防线也未必能守住北京。

> 洪秀全，你愿意娶她为妻吗？
>
> 我愿意。

洪秀全进入南京以后也拥有了许多嫔妃

湘军练成 初显威风

在去年（一八五三年）两度以练兵未成为由，推辞了朝廷征召命令的曾国藩，日前终于将他练成的湘军投入战场对抗太平军。这支有陆军十营、水帅十营共计一万七千名兵士，以及四百艘大小船、四百余门火炮的湘军，已对战局产生了极大的影响。虽然一开始湘军水师在靖港遭到重大挫败，但不久后便因为湘潭的陆师连连获胜而全面反转战局，将太平军给逼退到岳州去了。而曾国藩也利用这个空当重新整军，将打胜仗的部队扩编，打败仗的全数撤营。目前经过整并，湘军的规模已经缩减到四千余人，并将以此为基础，重新进行整补与训练。

清军反攻小刀会　竟遭英军击退

上海被小刀会夺占之后，清廷便重新在兵力上做了部署，在装备及人数都占优势的情况下对小刀会发动了反击。但在日前围城的清军接近城北时，却发生了一件清军怎么也没有想到的事，就是击退他们的竟然不是小刀会成员，而是一支由英国人所组成的武装部队。据了解，之前中英双方所签订的租界条例中，只赋予英国人租地盖屋的权利，租界内的行政管理权仍归清政府所有。而这一次英国人之所以出手，除维护自己在租界的各项权益外，更重要的是他们想以小刀会作乱为由，在"不得已"的情况之下成立一个临时组织来接管，最后造成由英国管理租界的既定事实。

僧格林沁铁骑入关 北伐部队遭到锁死

骑兵队果然是步兵的最大克星，在僧格林沁的铁骑加入战局之后，太平北伐军就陷入前所未有的困境之中。好不容易在严冬中撑过好几个月的太平军，年初试图突围南归，但却因为速度不及骑兵部队，而于三月的时候被围于阜城。虽然在五月时好不容易又窜入连镇，但不久便又被清军给锁死而动弹不得。于是北伐军只好一分为二，由林凤祥率主力部队继续与清军拉锯，李开芳则率少数轻骑突围。但这支突围部队从高唐转到冯官屯后，仍是遭到清军封锁，目前只能就地苦守待援。

僧格林沁

俄舰驶入黑龙江内　建村设炮严重侵权

根据东北传来的最新消息，一支由八十几艘船舰、两千余名兵丁所组成，并携带着许多牛马牲畜的沙俄舰队，不久前在沙皇的批准之下，已经沿着黑龙江闯入了中国境内。由于大清守军在东北的兵力及装备明显不足，所以边防部队也只好任其通过而没有加以阻拦。目前这支沙俄舰队已在黑龙江下游沿途建立了六个移民村，并在其中打铁练兵，还于沿江架设大炮。但更令人意外的是，当奕讠斤获报之后，竟然不是下令驱逐或是向俄方提出严正抗议，而是指示边防军尽量不要和沙俄人起冲突，等这些入侵的船只自行驶回即可。咸丰帝还特别叮咛，要是还有其他沙俄船只继续前来的话，就对他们分析事理并晓以大义，劝他们回去。但是从沙俄人多年来对侵吞中国领土所显露的野心来看，这种说理退敌的方法，简直就是痴人说梦。

天地会凑热闹围广州　总督叶名琛深陷危机

就在清廷忙着扑灭太平军之火时，在广东的天地会也发动了大规模的武装暴动，先后攻占东莞、佛山、花县、三水、顺德，并企图夺下广州城。由于广东境内的官兵早已调往外省协助镇压太平军，使得两广总督叶名琛手上可用的兵将实在是少得可怜。面对这次重大难关要如何渡过，正考验着叶名琛的处理能力。

大不列颠专搞小动作……
英国人恶意拦阻海关复设　上海无奈同意关税代征

小刀会暴动时便被活捉的苏松太道（地方行政长官）吴健彰，虽然在被擒两天后便因美国人的交涉而重获自由，但随后当他想要回到以前的海关办公室时，却被英国人给挡在门外而无法进入。原本他打算就在同一条街上另外租一间房子，然后让上海海关可以赶快恢复运作，但没想到又被英国人所阻挠。于是他只好再退一步，从洋商手上租了两艘铁皮船，想说干脆把海关改设在黄浦江上算了，不过仍然遭到英国军舰的驱逐。总之，英国人已经打定了主意，无论怎样，也不会让大清的海关重新开张。吴健彰最后被逼得走投无路，只好无奈地接受英国领事阿礼国的建议，由各国领事来代征关税。但是说穿了，其实所谓的代征关税根本只是个幌子。清政府并没有从英国领事那里收到任何现款。因为英商竟然在英国领事的特许之下，只依税额打了张保单作为货物入关的缴税凭证，但这张保单的兑现又必须得到英国女王的批准。财经专家认为，英国人所打的如意算盘，就是万一因为战乱而招致财产损失时，英国女王便会批准这张保单，让英商依据所缴纳的极小税额，来向清政府索取巨额的赔偿。但要是英国人没有财产损失的话，到时英女王便不会批准保单，届时保单将形同废纸，而清政府连一毛钱也拿不到。所以，英国美其名曰帮大清代征关税，实际上已经把上海变成一个免税及避险的天堂。

【国际要闻】
黑船直入江户湾内
日本签约结束锁国

事隔一年，美国东印度舰队司令培里果然再次率领黑船舰队回到日本，并直直驶入江户湾之内，强迫日本政府接受美国所提出开放市场及贸易的要求。日本无力拒绝，只好与美国签订了《神奈川条约》，结束了实行多年的锁国政策，正式将国家的大门打开，接受来自西方的经济及文化上的冲击。

太平援军北上 全遭清军歼灭

天京方面在听闻林凤祥、李开芳的北伐军自天津南溃，遭到清军锁死之后，也调拨了五位丞相级的将领，率领近四万名军兵出发北援。但清军在得到消息之后便一分为二，由僧格林沁率领主力继续围困林、李两支部队。而胜保则率部南下阻截太平援军。只是这时的太平军已不像初期那般勇猛无敌，甫一交锋，便被打得溃不成军。五名主帅中有四人不是战死就是被俘后斩杀，而四万名士兵则是片甲不存，全数被灭。

英国援引最惠国条款 要求重新修订《南京条约》

按照国际惯例，当两个国家签下了不平等条约之后，通常都是受害的一方会提出修改条约的要求，而得利的一方会试图维持原来的约定。但中英订立《南京条约》之后，得利的英国因为不满足于先前所取得的利益，提出修改条约的要求，而大清政府为了避免失去更多的权益，只好反过来坚守这份不平等的条约。其实，在原始条约中并没有提到关于修约的规定，但英国人却引用了最惠国待遇的条款，以中美《望厦条约》有十二年修约的条款，而要求与清政府重新修约。目前清廷已经断然拒绝了英方所提出的要求，而英国方面则是因为正与法国在欧交战，而没有多余武力在亚洲发动另一场战争，所以英使也先行作罢，并宣称要等待国王的指示，待两年后再回来重新敲定。

湘军出击夺回武昌　国藩遭忌仅得空衔

咸丰皇帝对于接连立下大功的曾国藩也起了猜忌之心

首度出击便表现不俗的湘军，在长沙经过两个月的休整补充后，兵力又扩增至一万多人。于是在夏季时，曾国藩又率湘军北上，与太平军在岳州一带进行激战。双方经过一个多月的缠斗之后，太平军被全数逐出湖南，随后曾国藩又水陆并进，夺回了已被太平军长期占领的武昌。咸丰皇帝闻讯大喜过望，原本想让曾国藩代理湖北巡抚一职，但大学士（高级官员）祁隽藻在此时却提出警告，说现在没有官衔在身的曾国藩，已经手握一支其他人指挥不动的重兵，如果再让他掌控地方的行政及财政大权的话，那恐怕非国家之福。他暗示奕詝要提防曾国藩叛变的可能，免得重蹈三藩之乱的覆辙。咸丰帝听了之后也对身为汉人的曾国藩起了戒心，于是便收回成命，仅赏给他一个兵部侍郎的头衔。

【专题报道】湘军

> 你们的年纪会不会大了一点？

> 你不认识我们吗？

> 本世纪最强的人都在这里了。

湘军以高于一般部队很多的薪资，吸引了许多年轻而且有战斗力的人加入

湘军之所以能在一系列的战役中有如此亮眼的表现，完全是由于曾国藩在军队的编制上做了大刀阔斧的改革。鉴于正规军各级军官的腐败与无能已近于无药可救的地步，所以湘军的领导阶层多是曾国藩以大义为号召，亲自挑选的一些有理想的读书人。而士兵也多是带兵官自行回乡招募，具有同乡情谊的子弟兵，或是偏僻地区未染官兵滑头恶习的山民。在薪饷方面也不同于清军的低薪制，以高于一般部队很多的薪资，吸引了更多年轻且有战斗力的兵员加入。另外，又以营为基本建制，职权归一，各级军官责任划分非常清楚，建立了上下一贯的指挥系统。而对于训练更是格外重视，不但有专门的练兵基地，而且不管是训练还是作战，都是由同一指挥官负责，让士兵与军官之间更有默契。正由于湘军并非国家的正规军，所以曾国藩才有这么大的弹性空间，可以尽革八旗、绿营之恶习，以全新的方式创建这支战斗力远超正规军的部队。

—— 鸦片绝迹贸易畅旺　太平天国收入可观 ——

除头发外，太平军与大清官军最大的差别就是在太平军中找不到会吸鸦片的士兵。由于太平天国彻底禁烟，而且令出必行，只要有吸食鸦片被发现的一律就地正法，使得在其管理范围内的鸦片走私已几近绝迹，也有效断绝了白银外流的现象。而且，自

太平军进入天京之后，把百工诸匠依技能分别入馆，也让手工业为之兴盛，尤其是织造业的规模更是急速扩大。加上茶叶与生丝的出口依旧畅旺，已使得此地区的对外贸易转成出超，也替太平天国带来了为数可观的收入。

年度热搜榜

【咸丰五年】公元一八五五年

中法联手出击 上海硬折小刀

今年才一开春，上海方面就传出江苏巡抚吉尔杭阿擒斩了小刀会首脑刘丽川的捷报，只不过这回政府军并不是单独行动，而是找了法国人联手。其实，在小刀会初起之时，清廷便曾要求西方各国能出兵助剿，但当时英国人认为小刀会的存在对他们较有利，所以不但没有任何反应，还趁机占领海关，弄了个代征关税，然后借故将清政府给逐出租界区。但后来，因为上述目的已达成，而上海的贸易热度又开始回升，使得小刀会的存在不再那么有必要，所以英国虽然没有站在清廷那一边，但也没有再出面维护小刀会。而且，刘丽川从一开始便自称是太平天国的一支，而太平天国在信仰上的种种行为又被笃信天主教的法国人视为异端，所以法国人自然容不下小刀会在上海这个耶稣会重要教区继续存活。加上自从小刀会暴乱之后，所有的风光可以说全都被英国人给占尽了，也让初来乍到的法军想趁此机会展示自己的实力，所以法国最后才会答应出手，协助清军拔除了这根眼中钉。

清廷联合法军拔除了上海的小刀会

为免战祸波及 华人涌入租界

原本仅提供洋人租地建屋之用的租界，因条例上订有外国人不得建造房屋租给中国人之规定，所以向来只有洋人聚居于此。但随着太平天国定都天京之后，邻近上海的各地百姓，深恐遭到战事波及，于是便大量涌入租界区。由于这些逃难的人不乏富商地主，在愿意缴付高额租金以求得一安身之所的情况之下，许多洋人便不顾规定，开始建屋租与华人居住，以获取高额的租金收入。由于这种情况已经无法控制，所以日前苏松太道也与各国领事签下条例，承认华人进入租界居住的事实。而租界也出现了在中国领土之内，中国百姓归洋人管理的奇怪现象。

穷途末路被处死　北伐行动告失败

在北援的四万名太平军甲士被清军歼灭之后，被围困在连镇的林凤祥部队也陷入弹尽粮绝的困境。到了今年春天，僧格林沁见时机已经成熟，便发动了总攻，一举击破了敌军防线，俘虏了两千名残存的太平军。在一阵搜索之后，终于从隧道中把已经身负重伤的林凤祥给拖出来处死。不久后，被清军围死在冯官屯的李开芳部队，也率领着仅剩的数百人出降，并随后被解送北京凌迟。此役立下大功的僧格林沁，则被加封为亲王世袭罔替。在此之后，清军士气大振，各地的官军、湘勇也接连传出捷报，陆续从太平军手中收复许多城镇。

走私船注册英籍　以合法掩护非法

你船上的骷髅标志也要换成英国国旗。

这我用了十几年，不能保留吗？

香港总督近来不断鼓励鸦片走私船及海盗船都到香港注册，以便得到英国政府的保护

有证据显示，英国驻华公使兼香港总督包令近来竟然不断鼓励大清的走私船在香港登记，以便在英国的保护之下，进行鸦片及各项商品的走私行动。由于英国政府长期以来的这些小动作，使得鸦片走私的数量不断攀升，已从十年前的每年三万箱左右飙升到每年六万余箱之多。而且不仅走私鸦片的船只在香港登记，就连一些从事海盗活动和贩卖人口的船只，现在也都高悬英国国旗，以合法掩护非法，来躲避大清政府单位的缉查。这时，香港已经成为鸦片的转运中心，以及其他商品逃税走私的大本营了。

翼王发威大杀四方　石达开狠踩曾国藩

近几年异军突起，大挫太平军锐气的曾国藩，终于碰上了他最棘手的劲敌，也就是太平军翼王石达开。年初，在湖口、九江两次的会战之中，湘军都惨败在石达开的手中，尤其是水师更是被修理得溃不成军。曾国藩还一度因此投水自尽，所幸最后被部下救起才免于一死。

The winner is（胜利者是）……石……达……开……

而石达开所统领的太平西征军气势则是达到顶峰，入秋之后，又在四个月之内连下七府四十七县。同时，由于石达开的部队军纪严明，又花了不少心思来治理地方，所以深得江西百姓的拥戴，许多原本对太平天国持反对立场的人也纷纷转为支持，使得西征军的人数一下子就增加了十倍，达到十余万人之多，湘军也陷入前所未有的困境之中。

各省自行筹军费　厘金解燃眉之急

自咸丰三年（一八五三年）中央爆发了财政危机之后，在前线作战的部队就再也没有收到过户部拨来的实银，而是换成银票或一纸要其他省份协饷的公文。但对于协饷的要求，各省督抚根本也无力完成，所以只好推诿不办，使得公文最后变成了一张无用的废纸。而官方所下发的纸钞银票，也由于发行量过大导致信用破产，造成民间拒收而派不上用场。于是，筹措军饷便成了地方督抚们要自行想办法解决的头等大事。但就算地方政府进行各种不乐之捐，所筹到的经费还是不足以支应战争庞大的开支。为了解决此问题，在扬州帮办江北大营军务的刑部侍郎雷以諴，便向中央提出了一个解决办法，就是征收所谓的"厘金"。也就是由政府在各水陆要道设置关卡，对通过的货物按价征收一定的税额（行厘），同时对开店的商铺依销售额征收商业税（坐厘）。在户部将这样的建议转给各省自行试办后，已陆续有地方督抚奏准征收厘金。预计每年各省的收入可以增加数百万两之多，将能有效解决财政困窘的燃眉之急。不过，财经专家也指出，厘金的设立对军费筹措来讲虽然是一大好事，但对经济层面来说，可能是严重妨碍商业发展的一大毒瘤。

沙俄人续伸魔掌　大清国无力抵抗

沙俄人继去年（一八五四年）率领舰队强入黑龙江并建立基地之后，不久前又故伎重演，再度前来武装移民，并强占了黑龙江以北的部分地区。但此时大清国正忙着对付太平军，根本没有余力抵抗沙俄人的侵略。所以咸丰帝仍然使出他惯用的方法，就是设法羁縻沙俄人并善为开导，避免真的动用武力。而沙俄人也就是看准了这点，所以便遣使要求把整个黑龙江左岸划归沙俄所有。虽然清政府方面已经援引《尼布楚条约》加以拒绝，但由于大清无力驱逐入侵者，所以俄方便宣称明年将在黑龙江北岸投入更多的兵力。据可靠消息，沙俄人为了入侵大清，已经开始积极地训练军队。其中有一部分集中在尼布楚附近，是打算用来入侵黑龙江流域的，而在恰克图附近的训练基地，则是为了入侵蒙古所做的准备。

镇压天地会表现"超值"　两广总督深受信任

两广总督（地方行政长官）叶名琛，在手中兵将不足的情况下，面临天地会的严峻挑战却依然能沉着应付，既不靠外省来援，也不从国库要饷，便渐渐平息了天地会的暴动，使得广东成为南方各省中，目前较没有受到兵灾之苦的少数几个省份之一。叶名琛不但在这种恶劣的条件下搞定了广东的危机、帮湘军购买洋炮，甚至还有余力兵援江西。这种"超值"的表现，真是让奕䜣大为满意，并感到格外放心。在获得内阁大学士（高级官员）的头衔之后，叶名琛已经成为咸丰皇帝最为信任的大臣了。

兵将不足的两广总督叶名琛，既不靠外援也不向国库要钱便平定了天地会，表现"超值"

日本觉醒　开始接受西方文化

在几年前美国黑船打开日本门户之后，日本幕府（掌握中央实权的德川家族）便撤销了禁造大船之令，并委托长崎荷兰商馆的馆长寇蒂斯协助购买军舰、武器并传授海军技术。今年，寇蒂斯又以荷兰政府的名义，将一艘军舰赠予幕府作为训练之用。评论家表示，其实日本早在嘉庆十六年（一八一一年）便设立了专职翻译西方书籍的机构，以为吸取西方文化做好准备。最近，长州藩与萨摩藩（皆为地方军阀）也都分别成立了讲授西方军事政治海防，以及引进西方工业技术的改革组织。这一连串的作为，都看得出来日本似乎已经觉醒，试图以实际行动来迎头赶上西方列强。反观大清国，到目前为止，似乎还是不思进取，继续坚持走它的千年老路。

> 不能再等了，快走吧！

日本抛开旧有包袱，以绝快的速度开始全盘西化

张乐行安徽聚盟成军　数十万士兵分设五旗

人在走霉运的时候，真是连老天爷也不帮忙。已经被太平军搞得晕头转向的大清国，竟然又因黄河决口成灾，而将大批流离失所的难民送入了捻军的行列。原本在华北地区各自流窜的各路捻军，不知是什么原因，竟然在入秋之后全都聚集到雉河集，并公推当地势力最大的捻军首领张乐行出来当盟主。联手后的捻军开始尝试着组织化，建立了黄、白、蓝、黑、红五旗军制，并以"大汉永王"张乐行亲领总黄旗，然后在各色总旗之下又分设大旗、小旗。目前这个总人数高达数十万的军事集团，已经与太平天国取得联系，相信将对大清政府产生极其严重的威胁。

年度热搜榜

【咸丰六年】公元一八五六年

太平军翼王石达开上打曾国藩，下灭向荣的江南大营，兵锋无人能挡

翼王东返回击　攻破江南大营

近来兵锋无人能挡的太平天国翼王石达开，今春又于樟树镇附近大败湘军，然后以重兵合围曾国藩所在的南昌城，并切断湘军对外的全部联络。不过，就在曾国藩被勒得快要断气的时候，战局却又出现了意外的变化。为了配合整体的战略，石达开在此关键时刻竟然收到东王杨秀清的命令，要他所率领的西征军立即回师去压迫清军的江南大营。虽然曾国藩因此侥幸逃过一劫，但坐镇江南大营的向荣可就没有这么幸运了。在翼王石达开与燕王秦日纲等人的进击之下，清廷极为倚重的江南大营终于被太平军所攻破，历时三年的天京之围也终于解除。而在溃兵护卫之下勉强逃出的向荣，最后也因羞愤死于丹阳的军营之中。

天父下凡吩咐　东王晋升万岁

清军江南大营被破之后，太平天国可说是如日中天，而东王杨秀清的声势当然也是达到一个新高点。虽然杨秀清早已是太平天国中实际的掌权人物，但当人的权力欲过度膨胀时，往往就开始在名号上大做文章。据可靠消息来源，不久前天父又附身在杨秀清身上，强迫天王洪秀全把东王的"九千岁"封号提升为"万岁"。本身就是"万岁"的洪秀全虽然心中有千百个不愿意，但碍于天父的旨意及东王的权势，也不得不当场允诺。之后，洪秀全便私下问杨秀清说："你封了万岁，那我这个万岁怎么办呢？"于是杨秀清满脸笑意地回答说："那你就是万万岁啊。"这时洪秀全才放下了心中的大石，表示将在杨秀清生日那天，隆重地为他举办晋封万岁的盛大典礼。

英国人拿来炒作并扩大事端的"亚罗号"船,虽然之前曾在香港注册,但其实有效期限早已超过

广东水师强降英国国旗?英国人炒作"亚罗号"船事件!

　　一个不久前才刚被海盗劫走船上财物的中国籍船长,意外在广州发现其中一名海盗就藏身在一艘名为"亚罗号"的船只之上,于是他便赶紧向官府举报此事。广东水师获报后也随即派人登上"亚罗号",将船上包括该名海盗在内的十二名中国人,全部带回署中侦讯。但此动作却意外地引起了中英双方极大的冲突,英国方面指控清军水师官兵强行登上悬有英国国旗的船只,不但强押了十二名水手,还恶劣地把英国国旗扯下,这种行为已经严重侮辱了英国,所以要求两广总督叶名琛必须在四十八小时之内,送还全部水手并正式道歉,否则便将采取军事行动。不过,据记者所取得的资料,"亚罗号"虽然是一艘在香港注册的船只,但注册期限已于八月底期满,所以在九月十日案发时并不能算是英国籍的船只。而且,据目击者指出,"亚罗号"当天并未悬挂英国国旗,而广东水师官兵降下的也只是开船旗而非英国国旗。这所有的一切都只是英国想要制造事端,故意找的借口罢了。

天京事变！
洪秀全密诏勤王军　韦昌辉血洗东王府

　　在"万岁"事件之后，天王洪秀全觉得威胁越来越大，担心自己不久便会被东王杨秀清逼上死路。于是他一面调动后宫的女兵加强防守皇城，一面写下密诏要领兵在外的北王韦昌辉、翼王石达开等人尽速返京护驾，诛杀杨秀清。于是距离天京较近的北王韦昌辉率领精锐三千先一步入城，并在凌晨时突袭东王府，杀死了杨秀清，随后更对东王府部属、党羽及他们的家人展开追捕，一口气杀了两万多人。石达开返回天京后，见到城中尸体堆得像座小山一样，便责备韦昌辉太过滥杀，而韦昌辉则是质疑石达开偏袒东王集团，二人也因此闹得不欢而散。双方撕破脸之后，韦昌辉便想连石达开也一并除掉，但正要下手之时，才发现石达开早已见势不妙而连夜逃出城外，所以只好拿石达开在京中的家人及部属来开刀，将他们都杀了。评论家表示，在此事件之前，太平天国的气势可说是被各方所看好，但经此惊天巨变，原本管理着整个太平天国的东王府高级官员一时俱尽，政府的运作陷入停滞。而诸王之间的仇杀也已经严重地削弱了太平军的力量及内部的凝聚力，只怕洪秀全是保住了天王之位，但有可能丢了整个政权。

云南回民起义　杜文秀建立政权

云南地区长久以来便存在的族群冲突，不久前终于再次爆发，并演变成颇具规模的武装抗争事件。据了解，由于当地的汉籍商人恶意侵占回民银矿并焚劫其村落，而云南巡抚不但未能主持正义，反而还与坏人勾结，企图以武力残杀无辜的回民。结果回族人民在忍无可忍的情况下，终于在杜文秀的率领之下群起反抗并攻占大理。被公推为总统兵马大元帅的杜文秀，已于日前联合境内汉、彝、白等各族民众，宣布建立反清政权，并与太平天国遥相呼应。

英军找借口炮轰广州　叶名琛淡定置之不理

在"亚罗号"船事件之后，两广总督叶名琛鉴于英国人一向蛮不讲理，为免扩大事端，也只好无奈地在期限内将十二名水手送交英领事馆，但对于道歉一事则是严词拒绝。不过，由于此事件根本就是英国想以武力进军所找来的低级借口，所以已经逮到机会的英国广州领事巴夏礼便拒绝接收十二名水手，然后命英舰队进攻虎门及沿岸炮台。而炮台守军因之前奉有不得轻启战端的命令，所以也不敢开炮还击。更令人意外的是，面对英国人的炮击，叶名琛居然既不下令作战，也不想与之接触和谈，只是一副镇定十足的样子。他还要大家不必担心，说英国人只是小打小闹，等太阳下山便会自动退走，然后便继续扶鸾降乩以求神助。只是日落之后，英国舰队不但没有退走，还对广州城狂轰滥炸。在城墙被轰倒之后，英国士兵冲入城内纵火开枪，不但焚毁房屋杀伤百姓，甚至还闯入总督衙门中大肆劫掠。而此时身在别处的叶名琛却仍然置之不理，当作什么事也没有发生一样。英军见清方没有任何回应，便继续炮击广州城以及清军水师船舰，并再次放火焚烧民房。据初步统计，目前遭损毁的民房已有数千家之多。

石达开上疏发难　洪秀全诛杀北王

翼王石达开为了躲避北王韦昌辉的追杀而逃离天京之后，便在安庆举兵发难，上疏天王请杀北王以消民愤，并宣称如果看不到韦昌辉的项上人头，便要回军攻灭天京。韦昌辉闻讯后决定先发制人，便率兵围攻天王府，而洪秀全也下诏要天国军民捕杀叛逆韦昌辉。经过两天两夜的战斗之后，北王人马不敌落败，韦昌辉也被砍下首级并以快马传至石达开军前。至此，太平军最初分封的五王中，东王杨秀清、西王萧朝贵、南王冯云山、北王韦昌辉都已死亡，只剩下翼王石达开还在支撑着太平天国。只是太平天国经过这次内斗之后，已经摆脱不掉逐步走向败亡的命运。

领事裁判权之害
洋人犯罪率攀高

外国人自从有了领事裁判权之后，在罪犯的处理上往往都予以轻判或免罪，等于变相鼓励犯罪。经年累月之后，这样的司法审判，已使得在华洋人的行为逐渐脱序，变得更加野蛮残暴。洋人在光天化日之下随意打人、随意以贱价强迫购物，或纠众放枪的新闻可说是屡见不鲜。根据记者日前拿到的资料，今年英国人在上海的犯罪事件，在六百三十名英国人当中，竟发生了五百多起刑事案件，其中包括杀人、重伤害、绑票、勒索、侵夺财产，以及将近二百起强奸案件。洋人引发的治安日益恶化，已经严重威胁到各通商口岸华人百姓的生命财产安全。

英军总司令被当场击毙?!
叶名琛谎报军情
咸丰帝一无所知

两广总督叶名琛对于"亚罗号"船冲突事件所作的报告，终于在日前传抵北京。报告中提到清军两次大败来犯英军，共击毙或伤敌四百余人，连英军总司令马縻各厘也被当场击毙。同时，他已经调集了两万余名兵勇加强防守，不可能让英国人有放肆的机会。报告中也提到，由于此次英国人的行动过于无理，所以连美法等国也决定不会提供给英国任何的协助。不过据记者查证，叶名琛的这份报告与事实根本不符，其内容宛如天马行空的小说情节，甚至可以登上史上最瞎说报告的榜首。对真实状况一无所知的奕詝，只怕到现在还沉醉于痛击英国人的美梦之中。

> 佛罗多和山姆把戒指丢入末日火山，终于除掉了黑暗魔君的势力……嗯，叶名琛的报告太精彩了。

> 这不是小说的内容吗？

叶名琛对于英军来犯的报告与事实完全不符，内容宛如虚幻的小说情节一般

年度热搜榜

【咸丰七年】公元一八五七年

英法结成同盟 将迫大清修约

一直希望通过修约牟取更多利益的英国人，趁着去年（一八五六年）法国传教士马赖死于西林县狱中的机会，暗中与法国联手，冀图通过军事行动来迫使清政府就范。于是法国便与英国串通一气，以西林教案为由，要求清政府惩凶并修改条约。驻美英使也向美国国务卿提出邀请，希望美国也能加入英法同盟的阵营。但美国基于自身利益的考量，已明确表达了会与英法一同要求清政府修约，但不会对清政府用兵的立场。不过一般认为，就算少了美国的加入，英法联军对大清国来说，还是有致命杀伤力的。

捻军太平合流 张乐行听封不听调

捻军盟主张乐行于今年春率领大军南渡淮河，与太平军将领陈玉成、李秀成的部队会师，随后从清军手中夺下霍丘。据闻，张乐行虽然被天王洪秀全封为"成天义"并改换成太平军的旗帜，但部队并没有被改编，仍然维持着原来的编制及指挥系统，不完全听从太平军的调度，充其量只是配合太平军协同作战。但不论谁指挥谁，捻军及太平军两股力量的合流，无疑将给清军造成更大的压力。

官场难于战场 曾国藩丁忧告假

之前为清廷立下大功，从太平军手中夺回湖北的曾国藩，却因为他身为汉人又掌握大军而遭到咸丰皇帝的猜忌。于是清廷便令湘军转往江西一带作战，企图以实战消耗其力量，达到一箭双雕的效果，同时解决掉太平军的现存威胁及湘军的潜在危机。在清廷毫无头绪的胡乱调度，以及江西巡抚的处处刁难之下，这支孤军深入、南北奔波的湘军，在这段时间内可以说是吃足了苦头。这时已经心力交瘁的曾国藩，忽然又收到父亲去世的消息，在如此双重打击之下，也只能以丁忧告假，暂时脱离主战场。

呼！终于跑完三千米障碍赛了……

好，现在你去马拉松那边检录，等一下比赛。

在清廷胡乱调度之下，湘军已是心力交瘁

由于洪秀全的猜忌加深，石达开只好选择离开天京率军西征

■沙俄强占黑龙江左岸 径自宣布拥有管辖权

　　清廷软弱的态度终于激发了沙俄人贪婪的本性，五月时，沙俄东西伯利亚总督穆拉维约夫派出一支连同家眷共两千余人的骑兵团，将武装力量移驻在黑龙江左岸，设立许多村镇，然后正式吞并黑龙江左岸地区。同时，沙俄人也宣布从明年开始，凡是留在此地的居民，都要受到沙俄的管辖，如有不愿意者应在时效前尽早迁离此地。清廷获悉沙俄人这种野蛮的强占行为之后，虽然已严词拒绝，却无力将北方恶霸驱离自己的家园。

圣神电远离是非 石达开率军西行

　　在天京之变后，虽然太平天国上下都支持翼王石达开，并合力推荐他主持朝政，但天王洪秀全却因忌惮其声望才能，而不愿授予他"军师"的职位，只封他为"圣神电通军主将翼王"。接着洪秀全又把他的兄长洪仁发、洪仁达分别封为安王、福王，以达到钳制石达开的目的。由于气氛已经越来越诡异，心中惶惶不安的石达开便潜离天京，回到他的大本营安庆。原本并无二心的石达开决定远离是非之地，几个月后便率领万余名精锐部队，突入江西去另谋发展，为太平军再辟天地。

英法联军炮轰广州　总督叶名琛遭俘虏

> 对英法联军的攻击既不作战也不撤退的两广总督叶名琛，终于被英军给俘虏上船

逮到西林教案当作出兵借口的英法联军，不久前先以军舰封锁了广州城，并向两广总督叶名琛提出警告，要求清廷履行条约规定、赔偿损失、保障安全、抚恤被害传教士家族，并限定其在十日内给予答复。而叶名琛因为不知从哪里得到一些假情报，认为英国人的目的只是借着恐吓的手段来诈取金钱，并没有真的要发动战争的意愿与力量，于是随即复函拒绝其要求。在火药味这么浓的情况下，叶名琛却仍然坚信不出一个月的时间，事情便会有一个圆满的结局。十二月二十六日当天，英法向叶名琛发送最后通牒，限广州驻军于四十八小时内撤出。这时相信必有神佑的叶名琛，则是毫无所惧地采取了既不备战也不存粮，更不撤退的策略，完全无视最后通牒的存在。到了时限结束的那一刻，数以万计的炮弹便如雨点般落入广州城中，英法部队随后也进城大肆劫掠，不但抢走了二十二万余两的库银与总督府的诸多档案，连叶名琛也给活捉到英舰上去了。之后，以广州将军为首的官员们才紧急联衔上奏，向清廷报告广州失陷的消息。据说几天前才刚看过叶名琛大报平安奏折的皇帝，在发现实情之后惊诧不已，怎么也不敢相信自己的眼睛。

年度热搜榜

【咸丰八年】公元一八五八年

俄军武力恐吓奕山　中俄《瑷珲条约》签订

胆小怕事的奕山，在沙俄人轰隆不断的炮声威胁下，只想赶快签约走人

　　东北方面又传回最新消息，在俄方的要求下，应派前往瑷珲与沙俄就边界问题展开谈判的黑龙江将军奕山，在与东西伯利亚总督穆拉维约夫会谈的过程中，因为受限于咸丰皇帝不可轻开边衅的谕旨，而在协议过程中逐渐做出让步。俄方逮住了奕山胆小怕事的弱点，便在黑龙江边频频发射舰炮恐吓，吓得奕山想要赶紧签约走人。预估俄军将会立即强占乌苏里江以东的地区，将共管变成独占，然后继续要求划定其他地区的疆界，逐步扩大侵吞范围。

英法联军占领天津，已经打到了咸丰皇帝的家门口

外军直入天津　清廷危在旦夕

英法美俄等国公使，联手向清廷提出修约的要求，其中英法使臣更是直接采取行动，以十二艘战舰的架势直入大沽口，向大清发动武力攻击。经过两个多小时的激战之后，英法联军击溃大清守军，取得了炮台的控制权。几天之后，一千二百名陆战队在未遭遇抵抗的情况下，顺利占领天津并扬言要拿下北京。目前清廷高层已经急得像热锅上的蚂蚁，正在寻求各种解套的方法。

战争期间通商口岸照常营业　本国港口沦为敌军补给基地

按照国际惯例，两个国家一旦开战，必会马上中断所有交流及贸易，并封锁港口，拼个你死我活。但清廷却因为考虑到高额的关税及厘金（商业税）收入，并为了防止英法等国与太平军联手，而在广州、天津处于开战状态的同时，于上海、宁波、福州、厦门等港口仍旧与英法和平共处。这些地方不但舞照跳、酒照喝、生意照做，甚至为作战中的英法船只提供入港补给，反而成为侵略军的中转站与补给基地。

耆英求和遭反驳　桂良扛谈判重责

由于英法联军已经打到了家门口，逼得咸丰皇帝不得不派东阁大学士（高级官员）桂良、吏部尚书（高级官员）花沙纳作为代表，前去天津与各国就停战一事展开谈判。而除了这个特使以外，奕䜣甚至还派出了之前曾与英法等国有老交情的耆英。他打算让桂良等人与耆英分别在英国人面前扮白脸与黑脸，以便在谈判桌上讨点便宜。但出乎意料的是，英法专使根本一点也不买账，只派出两名翻译人员来接见耆英。而且这两名翻译手中还拿着英军攻陷广州之后，从两广总督衙署劫掠而来的档案，把当年耆英对英国表面柔顺、实为钳制的做法全摊在阳光下。耆英因为受不了这两个小毛头的谩骂与凌辱，两天后便像泄气的皮球一样从天津返回北京，而咸丰帝这个驾驭外夷的妙计，当然也就此宣告失败。目前桂良等人也只好硬着头皮与对方谈判，希望能在最小的代价之下，阻止联军继续往北京推进。

英法出兵俄人得利　中俄签订《天津条约》

日前，沙俄公使利用英法联军进逼的机会，告诉清政府代表桂良，说沙俄为了中俄之间的情谊，愿意出面协调英法两国，阻止他们的军队继续深入。不过，这当然需要大清付出一点小小的代价，就是把东北沿海之地割让给沙俄。这么"优厚"的条件，桂良当然不可能答应，便表示不敢接受这样的帮助。这时俄使竟然马上脸色大变，咆哮着说如果大清不给面子的话，那从此以后沙俄将不再管这类的事。清廷担心沙俄投入英法联军那一边，只好和对方讨价还价。最后沙俄不费一兵一卒，便与清廷签订了《天津条约》，取得七口通商、最惠国待遇，以及重新勘定两国未定边界的重大利益。但已有学者为此提出警告，条约中重勘边界一项看似没有太大损失，其实却隐藏着陷阱。沙俄极有可能是想以此为伏笔，在未来以相关的借口出兵，达到扩大侵吞大清西北边境的目的。

沙俄人借口帮忙协调英法的事情而对清政府狮子大开口

好吧！这案子我接了，律师费要一百万元……

什么？！他们才要我赔八十万元而已，那我不打官司了。

也行啊，那就等着被告然后抓去关到死吧……

英法签约　耆英断魂

> 这车为六缸V形排列，最大马力二百七十二，最大扭矩三百五十牛·米，配备七挡手自一体变速箱，还有……

> 只要告诉我赠品是什么就好了……

对于与英法的条约，咸丰最在意的竟是公使驻京的问题

在沙俄签约之后，美国因为要求比较简单，所以很快也与清朝签下条约，得到最惠国待遇及公使到京暂驻的权利。半个月后，清廷代表桂良无计可施，也终于分别和英国、法国于天津签订了条约。允诺让英国派使驻留北京，增开牛庄、登州、台南、潮州、琼州以及长江三口等贸易特区，享有内地游历、改定税则、领事裁判权等权利，同时赔款四百万两白银，并于一年内在北京换约（交换由国家元首签过字的正式条约）。法国方面除允许法国人进入内地传教、赔款二百万两白银外，其余都与英国相同。双方代表签字之后，奕䜣也只好不情愿地在桂良的奏折上批了依议两个字。在这些条款之中，其实危害最深的应该是最惠国待遇、领事裁判权、关税及赔款等项，但咸丰最为在意的，是公使驻京这一条。因为在天朝上国的观念中，让一个蛮夷之邦的使者长驻京城，甚至有机会面见皇帝还不用跪拜，这可是一件极为耻辱的事。所以咸丰皇帝无处发泄的一股怒气最后全都出到耆英身上，以擅自回京的罪名令其自尽。

条约文字隐藏危机

评论家指出，在这次所签订的条约之中，除最惠国待遇、领事裁判权等问题已经在之前做过分析外，还有几点是值得特别注意的。首先就是所谓的"游历内地"，这条看起来没有什么杀伤力，但实际上却是一个经过包装的侵略行动。今后外国人将可以游历为借口，深入大清内地收集地理情报、调查可掠夺的资源，甚至拟定将来军事入侵时要走的路线。其次是一年后换约的部分，虽然这是国际条约的正式程序，但因为并没有详细规定进京换约的路线，到时英法等国可能会以兵舰从大清最脆弱的路线强行进入，而引发另一次危机。

■屋漏偏逢夜雨 江北大营被破

属于湘军系统的胡林翼部队，之前趁着太平天国内乱未靖之时，连续攻克了多个据点，还夺下了在战略地位上极为重要的九江。不过，就在清廷以为可以一举击垮太平军的时候，由陈玉成及李秀成所率领的太平军却反过来夺下了庐州，并摧毁了清军的江北大营。面对英法联军以及太平军的双重打击，想必咸丰皇帝的脸色一定是越来越难看了。

毒品变药品 鸦片合法化

虽然在一八四二年中英所签订的《南京条约》中，双方对于引发战争的鸦片走私问题只字未提，但在随后中美所签订的《望厦条约》中，却将鸦片明定为违禁品，禁止美商参与任何关于鸦片的非法贸易。但是今年中美双方在天津续约时，却在英使额尔金从中作梗之下，把条约中禁止鸦片一项删去，使得鸦片贸易合法化。接着，英国又在上海与清方代表签订了《鸦片贸易协定》，正式把鸦片由毒品改列为药品，以每百斤鸦片抽三十两白银的税率，开放鸦片进口。

> 我要……我要……

> 老爸怎么了？

> 啊，毒瘾又犯啦，不过没关系，现在很方便，只要拿医生处方就可以在药店买到鸦片了。

在英国的压力下，大清政府已经将鸦片由毒品改列为药品并开放进口

年度热搜榜

【咸丰九年】公元一八五九年

英使换约强入大沽口　炮台狂轰守军获大捷

原本关于英法两国到北京换约（交换由国家元首签过字的正式条约）的细节，双方已经谈妥了是以十个随从为限，并在换好约之后就要离开，不能在北京停留。但英国使者卜鲁斯不守约定，与法国人一起率领着十余艘军舰欲强行进入大沽口。清廷在经过之前的教训以后，驻防此地的僧格林沁部队已经加强了防御。所以在英军清除了水中障碍、炸毁海防铁链并驶入鸡心滩之后，早已等候多时的守军便立刻发炮还击。过于轻敌的英军一开始还以为清军已经放弃对此地的防守，没想到软弱无力的清军竟突然发动炮击，也没料到所有的炮台都已经抢修完成，所以在第一时间便被轰得七零八落。由于舰队都已暴露在炮台的火网之中，英军在无力反击的情况下，没多久就有三艘军舰惨遭击沉，另有三艘受到重创，死伤人数也高达四五百人。最后要不是美国船舰出手相助，只怕这些洋人全都得把命留在大清了。

英国人出任总税务司　大清失去海关主权

清政府负责征收关税的总税务司一职竟由英国人担任

老婆，给我零用钱，我要换新手机……

那你去找隔壁小王，现在我们家的钱都请他代管了。

小王！

在咸丰四年（一八五四年）苏松太道吴健彰同意由各国领事代为征收上海海关的关税之后，西方列强便不断向清方提出要求，希望各口岸都能比照办理。两江总督兼各口通商大臣何桂清今年终于在巨大的压力下点头同意，并任命英国人李泰国为"海关总税务司"，代清政府管理各通商口岸的关税征收。在李泰国的要求下，各口税务司及海关高级职员，全都变成由外国人担任，清政府完全失去了海关的自主权及控制权。

前总督叶名琛逝于印度囚所

据闻在咸丰七年（一八五七年）英法联军攻打广州期间，因采取"不战、不和、不守、不死、不降、不走"策略而惨遭英军俘虏的两广总督叶名琛，在被押上英舰并送往加尔各答囚禁后，已于日前逝于囚所之中。

这合照的怨气很重哦……

西方列强虽然已达成武力侵中的共识，但其实背后是各怀鬼胎，各有各的打算

武力侵中已成共识　英法诸国各怀鬼胎

虽然英法两国已经决定借着换约的机会，再次用武力强行叩门，逼迫大清做出更大的让步，但是两个国家实际上却是彼此各怀鬼胎，私底下有着不同的打算。首先，法国自从看见香港被英国占据之后，便也想取得舟山群岛当作他们的根据地。而英国在想要夺取尖沙咀时，却又不愿让法国人在大清沿海取得岛屿。而在经济方面，因为法国与大清的贸易量很小，所以根本不在乎中国是否陷入混乱，所以只想要大军深入，然后向大清索取巨额的赔款。但英国和大清之间一向有巨额贸易，他们可不想因为大清陷入战乱而影响贸易收入，因而主张将战事局限于华北一带。其次，英国也考虑到如果赔款金额过大，偿还年限就得延长，那作为抵押的大清领土被占的时间也就会跟着延长。如此一来，法国就有可能把这些土地变成永久占有，而这可是英国最不乐见的事。最后，沙俄方面，则是天天盼着英法联军再次攻打大清，然后再趁大清危急之时出手，在英法没有干涉的情况下，达到扩大侵吞大清领土并强迫大清承认的目的。不过，资深分析师也指出，由于西方各国之间的利益冲突尚未摆平，所以短时间内应该还不会对大清发起军事行动。如果可能的话，大清政府应该利用这段空当好好地加强军备，以迎接下一场硬仗。

年度热搜榜

【咸丰十年】公元一八六〇年

每年五百两　英国租九龙

> 这房子不错，我租了，这是一年的租金，可别说我没给啊。

> 五百？！还不够我缴房屋税呢。

英军强行在九龙登陆扎营之后，以每年仅五百两白银的代价向大清强行租用

　　大英帝国自从夺得香港岛以后，便开始处心积虑地想要再把北边的九龙半岛拿到手，以免万一此地被敌人掌控时，停泊在维多利亚港的船舰将会有被炮火轰击的危险。不久前，英国驻广州领事巴夏礼便趁着英法联军北上的机会，向两广总督劳崇光提出让其割让九龙的要求。劳崇光也明确表示他无权割地，不过可以代为向上级请示。但是，当英国援军抵达香港之后，便无视清方的反对，直接在九龙登陆扎营。然后巴夏礼才以此事已经变为既成事实为由，强向劳崇光租借九龙。劳崇光没有办法，只好无奈地答应在九龙城寨以南画一界线，将界线以南的九龙半岛，以每年仅仅五百两白银的代价租给英国使用。不过，英国人对此似乎还不满足，因为听说英国政府已经要求公使在日后与清廷订立停战条约时，要将九龙半岛的租借权直接改为割让了。

九龙只要一半？ 揭穿英国人葫芦里的药

国际专家指出，若从战略防御的角度来看，英国只从清廷手中取得九龙半岛的一部分，其实并不足以保证整个维多利亚港的安全。而至于为什么英国不干脆拿走整个九龙半岛的原因，则是因为英国不愿西方列强发现他们割取了大清的土地，然后引起群体效应损害英方利益。因为自工业革命以来，英国的贸易竞争力便是西方诸国中最强的，所以他们希望把整个大清当作英国的独占市场，如此便可在贸易上获取巨额的利润。要是列强都来瓜分大清的话，那各国势必会在自己的地盘上实施保护措施来抵制英国货。如此一来，英国所能获得的实质利益反而会相对减少。

> 这蛋糕难吃得我连一半都吞不下去，劝你别吃了……
>
> 是吗？
>
> 最好都没人吃，等一下我才能全部打包。

英国为了避免列强来与他抢食清朝的大饼，在九龙问题上刻意低调

不过，这也不表示英国不想扩大地盘，而应该说它是想低调行事。相信再过不久，只要机会成熟，英国还是会想办法把整个九龙半岛都握在手中的。

清军加强防卫　英法舰队集结

之前在大沽被僧格林沁击退的英军舰队，其实只是其远东作战部队中很小的一支，英法联军的主要战力并未受到影响，而且近来又不断传出洋人即将出兵报复的风声。所以清廷已在僧格林沁的要求下增派兵员，把大沽一带的总兵数提升到近三万人之多。其中光是大沽一地，守军就有一万人，大大加强了北方的防卫力量。但英法方面也是重兵齐集，英国派出了七十九艘军舰、一百二十六艘运输船，以及两万名地面部队，法国则是出动了四十艘军舰及七千六百名士兵。目前英法军队已逐渐集结，形势越来越紧张，随时都有爆发大规模作战的可能。

攻敌之所必救　二破江南大营

当所有人都把注意力集中在英法舰队集结上时，太平军又有所行动，先是以洪仁玕、李秀成等部队作势攻击江南重镇杭州，逼迫江南大营分出部分兵力前往救援。然后这支太平军再于此时回师，与天京周围的所有部队合力攻击江南大营。虽然清军在此地驻有数万人的重兵，并筑有号称"万里壕"的坚固工事，但由于兵力已被分散，加上太平军集中了天京周围的十余万军队内外夹击，所以在几天的猛攻之后，太平军便又一次攻破了江南大营，重创清军声势。

曾国藩终于再次出阵 任两江总督办理军务

由于清廷用来压制太平天国的江南大营不久前被攻破，所以咸丰皇帝情急之下，只好把已被他冷落多年的曾国藩再请出山，命其为钦差大臣，以两江总督兼兵部尚书的身份，督办江南军务并节制水陆各军。其实，早在一八五七年曾国藩因丁忧（父母去世）告假三个月之后，皇帝便要他立即回到战场。可是之前因屡屡受制于地方督抚而无法施展手脚的曾国藩，却在奏折上暗示皇帝要授予他巡抚之职，否则他无法兼顾治军及筹饷的工作。还说要是没有办法的话，那他就终生在家守制。不过当时奕䜣对他猜忌仍深，所以便干脆批准他在家守制，甚至连他侍郎的底缺也一并开除。这个弄假成真的结果让曾国藩吓了一大跳，于是只好又硬着头皮，写了封充满悔意的奏折，暗示皇帝"夺情"（让守孝中的官员回职任事），让他再回到军中效力，当然对于之前要求当巡抚的事也就装傻不提。但咸丰最后还是以消灭起义军任务告一段落，不必再帮办军务为说辞，让他留在家乡守庐尽孝。于是曾国藩便这么被冷落一旁，一直到不久前江南大营被破，咸丰皇帝手上实在是没有可用之兵将了，才只好加码请他再次出阵。

小联盟2A练习场……

大联盟队里的球员全都挂病号了，总教练叫你去大联盟报到。

由于江南大营被攻破，咸丰皇帝只好再把曾国藩请出来

联军绕道避开重炮　守军不敌提督战死

英法联军上次在大沽口尝到苦头之后，这次决定改从山东登陆，以避开上次被清军重挫的伤心路线。三四千名武装部队上岸之后，英法两国便于五月八日正式对大清国宣战，由于清军主帅僧格林沁过于迷信己方骑兵的力量，没有在联军登陆的塘沽一带部署重兵，导致联军轻易地上岸并从容部署军队。僧格林沁所率领的蒙古骑兵，面对来势汹汹的敌军，虽然不畏牺牲奋力搏斗，但由于双方的武器装备实在悬殊，又失去防守方的有利先机，所以最后仍是伤亡惨重，连直隶提督乐善也战死阵前，而英法联军也在苦战之后夺下大沽北岸炮台。奕䜣深恐僧格林沁继续死守的话也会阵亡，而足以当作清廷最后一道屏障的蒙古铁骑也将全军覆没，所以便传旨要僧格林沁退守天津，并允许英法使臣在北京商谈议和的条件。

外籍兵抗太平军 上海洋枪队成军

就在英法联军于大沽口与清军战斗的同时，英法驻留上海的部队竟然与清军联手对抗太平军。原来，当太平军击溃清军江南大营之后，李秀成便率军东进，并攻占常州，直指上海。但由于驻防上海的清军人数过少，所以苏松太道吴煦便聘雇美国人华尔、法尔思德、白齐文等人，让他们转入中国籍，然后招募外国军舰上的水手及水兵，组成了一支"上海洋枪队"来抵御太平军的进攻。

翼王兵进桂黔　清廷心力交瘁

因不愿留在天京卷入权力斗争的翼王石达开，在领军出征之后，于去年（一八五九年）已打回太平军的起源地广西去了。但不久之后他便发现这个地方实在是太穷了，穷到没有办法养他手底下的这支大军。于是他只好改变计划，决定转进到素有"天府之国"美誉的四川去发展。据最新传来的消息，目前石达开的部队已经攻陷了归化、独山等地，并在继续前进。而华南部分的太平军也是大有斩获，忠王李秀成已于日前攻占松江，英王陈玉成则是击破广德，侍王李世贤更是拿下金坛等地。目前清廷的状况可以说是蜡烛两头烧，既要对付太平军的分路奔袭，又要抵抗英法军的进逼京师，未来景况着实令人感到忧虑。

英法败敌八里桥　圣驾北狩走热河

因洋人攻到家门口而心神不宁的咸丰皇帝，在收到僧格林沁请以木兰巡幸之名走避的密奏之后，虽然心里已是极度恐慌，但又碍于情面，只好放话说要御驾亲征，并发下僧格林沁的奏折让群臣共议。原本奕詝的目的，是希望大臣们联名劝阻他御驾亲征，并参考僧格林沁的奏折恭请皇上离京暂避兵锋，然后他再勉为其难地遵从群臣的建议移驾避难。但事情的发展不如预期，由于诸王大臣考虑到皇帝离京将会造成恐慌，所以竟反过来请求圣驾坚守北京。咸丰帝真是又惊又气，只好再传下一道谕旨，表示巡幸之志已决，说白了就是要群臣去写个请求移驾的奏折呈上来。但大臣们还是纷纷上奏请求皇帝留下，甚至要他从城外的圆明园回到皇宫之中以激励人心。由于醇郡王奕谭、惇亲王奕誴、军机大臣（高级官员）文祥等人都极力谏止，咸丰帝不得已才做出让步，要内阁传谕说没有要巡幸木兰之事。不过该来的还是会来，当八月七日英法联军于八里桥以优势火力击溃了顽强抵抗的僧格林沁骑兵队之后，咸丰皇帝当天晚上便紧急召开会议，决定以北狩的名义避居热河。而此时由于敌人已经打到眼前，所以再也没有人出面反对。第二天，咸丰皇帝率御前大臣、军机大臣及后妃们从圆明园北走，匆匆逃往热河，留下恭亲王奕䜣在北京全权处理与英法协商的事务。

圆明园惨遭洋人洗劫　北京城闯入英法联军

随着英法联军不断向北京城进逼，随军同行的英国驻广州领事巴夏礼，也参与了和清方的谈判事宜。但他日前却不慎在半途中，被偶遇的清军给俘获了。原本留守北京的恭亲王奕䜣，还打算以巴夏礼为人质逼退英法联军。但没想到英国人根本不吃这一套，不但马上要求释放人质，还进逼到北京朝阳门外，甚至冲到了圆明园中想要直接活捉咸丰皇帝。在发现咸丰已经先一步逃跑了之后，英法两国的部队便大肆对圆明园进行搜刮，把珍藏在其中的宝物全都给强行夺去。清廷方面，因为之前僧格林沁的最后防线于大沽、八里桥被击溃，早就已经信心全失，可以说被吓傻了，所以在强大的压力之下，不但释放了巴夏礼等人，还于八月二十九日这天，按照对方所提出的要求，开启了安定门让英法联军进入北京城之中。

英法联军攻入北京，大肆搜刮圆明园中的珍宝

中英法签订《北京条约》 沙俄趁机扩张领土

在英国公使额尔金伯爵一声令下把圆明园烧了后没几天，便与恭亲王奕䜣在礼部交换了之前的《天津条约》，并另外签订了《北京条约》。这次，清廷又开天津为通商口岸，并割让九龙司（尖沙咀），使得香港岛和尖沙咀之间的海面全部落入英国人的控制当中，另外还赔了八百万两白银。随后法使葛罗也与清廷签约，同样迫使清廷开放天津为口岸，并赔偿白银八百万两。在这两份条约中，都将大清的劳工输出合法化，也就是说拐卖贫农游民至外国当奴工的人口走私，以后将变成一项合法的商业行为。但清廷的损失还不止于此，之前本来答应清政府代为调停的沙俄公使，竟然也在这个时候，大言不惭地说他在大清与英法签约之时大力相助，所以要求就中俄两国之间尚未确定的边界问题进行商议。奕䜣怕不答应他的要求，沙俄又会从中挑拨，所以也只好派员与沙俄人展开协商。于是在一个月后，又与沙俄签订了《北京条约》。

法国神父为方便传教
翻译条约竟私增条文

　　记者调查发现，不久前中法所签订的《北京条约》，竟被翻译人员给偷偷动了手脚。据了解，原本条约里中文版本的第六条中，竟多了一句"任法国传教士在各省租买田地建造自便"，而中方的负责人竟然也没有逐条细审，就未经讨论而同意了。此字句不但双方谈判时没有约定，就连在法文版本的条约中也没有，纯粹是担任翻译的天主教神父德拉马为了自己传教的方便，而偷偷加上去的。评论家表示，由于连主政者奕䜣等人也没有发现此欺诈行为，日后法国的传教士不但可公开进入内地传教，只怕也将会引发一连串强占土地房屋作为教堂财产的纷争。其实，大清因为没有自己的翻译人员，只能任用那些外国传教士充当翻译，而这些传教士常常从中动手脚。虽然中方也有一些本地的通事可做翻译之用，但这些人都只懂粗浅外文，而且属素行不良的粗鄙狡诈之徒，所以大清才会在谈判时屡吃大亏。

新设总理衙门　专责处理外务

　　在恭亲王奕䜣的建议下，清廷已于十二月十日下令设置"总理各国通商事务衙门"，命恭亲王奕䜣、大学士桂良、户部左侍郎文祥管理，专办与各国的外交工作。不过这个机构并非正规的政府部门，反而比较像是军机处的下属机构。由于编制及职掌都尚未制度化，所以此机构的权限也极有可能会随着主事者的政治地位及权力而有所变动。同时，在总理衙门之下，也设置两位专职的官员来办理各口岸的通商事务，分别是天津的三口通商大臣（北洋大臣，管理牛庄、天津、登州三口通商事务），以及上海的五口通商大臣（南洋大臣，管理广州、厦门、福州、宁波和上海通商事务，由总督兼任下独立抽出）。以往因为没有正式机构，仅由礼部、理藩院、两广总督处理，而为西方国家所不满的外交工作，希望可以在责任归一之后，有更专业的表现。

皇帝回銮问题引斗争　恭王派与肃党竟互杠

在奕䜣出逃热河之后，中央政府便分成了以恭亲王奕䜣、大学士桂良、户部左侍郎文祥为首的北京政府机构官员，以及随驾前往热河的户部尚书肃顺、怡亲王载垣、郑亲王端华和多位军机大臣所组成的"肃党"两派。这两个集团之间，现在已经为了皇帝是否该回銮北京一事开始了政治斗争。据熟悉内情的人士透露，肃顺之所以力阻皇帝回銮，一来是不愿让咸丰皇帝回到北京与奕䜣有更多的接触，以便他一手控制的军机处可以在代拟谕旨时仍能继续占有政治上的优势。二来是他发觉近日来皇帝的身体健康已经亮起了红灯，如果在热河驾崩而由五岁的独子载淳继位的话，他就可能被指定为辅政大臣而继续实权在握。但要是回到北京，万一奕䜣在临终前托孤给奕䜣的话，那他所要面对的就不仅是政治上的失势，还有脑袋要不要搬家的问题了。

第二章

慈禧垂帘　洋务革新

（公元一八六一年～一八七五年）

本章大事件

公元一八六一年
- 皇帝驾崩
  祺祥新元
  遗诏命肃顺八人赞襄幼主
- 祺祥政变
  肃党傻眼
  奕䜣关键出手
  两宫垂帘听政

公元一八六二年
- 两宫垂帘慈禧独演
  大清首度后宫主政

公元一八六三年
- 捻军张乐行被终结
  翼王太平军行末路

公元一八六四年
- 洪秀全病危归天
  天京城破在旦夕

公元一八六五年
- 僧格林沁中伏全军亡
  曾国藩接手剿捻重任

公元一八六六年
- 造船厂机器局相继设立
  政府积极提升国防实力

公元一八六八年
- 【国际要闻】日本幕府倒台
  全国一致对外

公元一八七一年
- 俄军借口代管
  出兵强占伊犁

- 太平军最后一役
- 【国际要闻】日本加速西化
  富强指日可待

公元一八七二年

公元一八七三年

- 法国兵入侵越南
  黑旗军异域显威

公元一八七四年

- 同治驾崩幼帝光绪继位
  承嗣咸丰两宫仍然垂帘

公元一八七五年

- 海防？塞防？
  左宗棠终获清廷支持

年度热搜榜

【咸丰十一年】公元一八六一年

咸丰病重推迟回銮　奕䜣被谗落居下风

原本在恭亲王奕䜣等人的请求之下，已经准备要返回北京的咸丰皇帝，因为健康状况突然恶化，不断咳出血丝，所以便推迟了回銮的时间。因此缘故又争取到一些时间的肃顺，便开始想办法对付他在政坛上最大的威胁，也就是留守北京的奕䜣。他在奕詝身边开始大嚼舌根，说奕䜣因为在北京频与洋人接触，所以洋人已经有意将其扶上大位。这让每天已饱受病痛折磨的咸丰皇帝更觉不安，便开始对奕䜣有了戒心。而这种情形奕䜣当然也发觉了，所以他便不断地上奏请求前往热河探病，以便可以当面向他同父异母的四哥奕詝解释清楚。不过，肃顺却借由一些政治上的操作，成功地阻断了奕䜣的请求，将他与皇帝给隔离开来。以目前的局势来看，"肃党"可说是占了上风，要是皇帝在此时翘辫子的话，那对奕䜣等人可就是大大的不利了。

——赫德代理总税务司　受托筹办大清购舰——

在原任大清海关总税务司李泰国因病请假回英国之后，代理总税务司职务的赫德于日前抵达北京，与主持政府事务的恭亲王奕䜣商议关税问题，并提出购买新式军舰以镇压太平军的建议。在双方讨论之后，奕䜣对于赫德所开列的人员清单中，居然有数百名洋人在大清舰队上感到疑虑，生怕这支舰队建成之后反倒落入英法人之手。但赫德为此极力解释，表示由于操作新式船舰需要有经验的人，所以大清人在未经长期训练之前没有办法胜任。但若清政府对此点有疑虑的话，改聘向来和大清无隙的非英法等国人士上船，便可解决此问题。奕䜣觉得之前为大清出力不少的"上海洋枪队"中，也有许多都是英勇作战的西班牙人，于是便同意了这样的安排。于是他承诺将另行筹款八十万两白银作为购舰之用，让赫德去筹办相关事宜。

> 交给我帮忙买一定没错的……

> ……

奕䜣在赫德的游说之下同意拨款购买军舰。

咸丰遗命让八大臣辅政，但所发布的命令必须加铃两太后所持的"御赏"及"同道堂"章才有效。

皇帝驾崩　祺祥新元　遗诏命肃顺八人赞襄幼主

七月十六日，已经病入膏肓的咸丰皇帝，在热河避暑山庄紧急召见了怡亲王载垣、郑亲王端华，以及肃顺、景寿、穆荫、匡源、杜翰、焦佑瀛等大臣，宣布册立年仅六岁的独子载淳为皇太子，并以这八位大臣赞襄政务。为了避免当年多尔衮夺权事件重演，留守北京的皇弟恭亲王奕䜣并没有被列名在赞襄大臣名单之中。但由于咸丰同时也担心再一次出现鳌拜专擅、权臣凌主的局面，所以便将随身的"御赏"章交给皇后钮祜禄氏，将"同道堂"章交给皇太子载淳（因皇太子年幼，所以实际上是由其生母叶赫那拉氏掌管）。然后宣布今后八大臣以皇上名义发布谕令时，开头要加盖"御赏"、结尾要铃"同道堂"才能生效，以此来节制八大臣的权力。到了七月十七日，在位期间内忧外患、遍地硝烟的奕詝，在三十一岁这年病逝于避暑山庄。之后，由皇太子载淳（清穆宗）继任大位，并选定了由肃顺等人所建议的"祺祥"作为新的年号。

先帝咸丰尸骨未寒　两宫争得阅折权力

据热河方面传来的消息，日前以肃顺为首的八位顾命大臣，与两宫太后发生了严重的争执，原因则是双方对今后公文的处理方式各持不同的见解。心里其实瞧不起两个太后的肃顺等人认为，依据咸丰皇帝临终前的规划，奏折应由八大臣共同阅览、讨论并拟定谕旨，两宫太后只是形式上盖上铃印即可，不需过问政事。但两宫太后则认为阅览奏折是皇帝的权力，所以坚持要看过奏折，并经她们认可才盖印生效。因为两宫太后态度一致，而且坚不退让，所以肃顺等人在最后也只好让步，同意了这两位年仅二十几岁的太后所提出的要求。

恭王晋见太后　联手对抗肃党

八月初，人在北京的恭亲王奕䜣终于在两宫太后的支持下，赶到热河叩谒梓宫（先帝棺柩），并获得与太后叶赫那拉氏（载淳生母）会面的机会。原本肃顺还对奕䜣保持高度的警戒，怀疑他会有什么阴谋，所以便以叔嫂当避嫌、太后不宜召见亲王为由加以阻止。但后来因为奕䜣态度极为恭顺，又主动请郑亲王端华陪同晋见以表清白，这才使肃顺等人稍稍解除戒心而同意让两人单独会面。由于咸丰皇帝生前一向缺乏决断能力，所以长期以来都是以怡亲王载垣、郑亲王端华，以及户部尚书肃顺三人的意见为主要参考。而这三人之中，又以肃顺最有能力，政治手腕也最强。于是，正与肃顺集团进行权力之争的两宫太后，便决定要和留在北京的奕䜣阵营合作。所以叶赫那拉氏极有可能利用此次见面的机会，暗中与奕䜣联手，想办法对付目前掌权的肃顺等人。同时，支持两宫太后及恭亲王的兵部侍郎胜保，亦不顾清廷有禁止各地统兵大臣赴热河吊谒的规定，而径自领兵北上，对肃顺集团形成了极大的压力。不过，据闻，不甘示弱的肃顺等人，业已准备急调正在征剿捻乱的僧格林沁前来助阵。现在整个清廷高层，可以说是弥漫着山雨欲来的诡异气氛。

会不会是想要联手对付我……

会不会是……

太后叶赫那拉氏与恭亲王奕䜣单独会面之后，极有可能会联手对付肃顺等辅政八大臣。

【国际要闻】美国爆发南北战争

依赖奴隶种植棉花为主要经济来源的美国南方各州,从很早以前便在废除奴隶制度以及一些经济议题上,与北方各州有着完全不同的立场。而在去年(公元一八六〇年)支持废奴的北方人林肯当选美国总统,并发表了一系列政纲之后,南卡罗来纳州认为这将严重削弱南方地主们的利益,于是便在不久前宣布脱离联邦。接着南方各州也纷纷响应此举,然后共组了一个新的"美利坚联盟国",并推举来自肯塔基州的杰斐逊·戴维斯为总统,与北方的"美利坚合众国"进行对抗。在南方的"邦联"先发动武力攻击之后,北方的"联邦"也开始进行反击,目前在交界处的攻防战中双方可说是势均力敌,极有可能会演变成全面内战。

林肯当选美国总统后提出的废除奴隶制度等政策,因为剥夺了部分南方地主的权益而引发内战。

—— 御史奏请垂帘听政　肃党驳回不动如山 ——

之前虽然肃顺等人急调僧格林沁前来助阵,但僧格林沁以军务繁忙为由拒绝前往热河。这时御史(监察官)董元醇见到肃顺集团失去了军力作为后援,立场便投向了太后这一边,上折奏请两宫太后垂帘听政并另行简派亲王辅政。于是两宫太后便召集八位赞襄政务大臣前来,就此折的内容进行讨论。对于这种拱手交权的事情,载垣、肃顺等人当然是不可能妥协的,于是便当场与叶赫那拉氏发生了激烈的辩论。听说场面之激烈,连小皇帝都吓得尿湿了裤子。最后叶赫那拉氏讲不过八大臣,也只好同意发出切责董元醇的上谕,并以向无皇太后垂帘听政之制作为此事件的结局。事情发展到此,大清国的政权还是掌握在肃顺集团的手中,除非以两宫及恭亲王为主体的皇室集团能够在最后关头一举逆袭成功,否则等到肃顺集团回到北京,一切已成定局之后,就再也没有翻身的机会了。

祺祥政变 肃党傻眼　奕䜣关键出手　两宫垂帘听政

> 启禀太后……

在奕䜣的策动之下太后派成功发动政变，肃顺等人被捕处死，两宫太后正式垂帘听政。

两宫太后与顾命大臣的权力之争，最后果然出现戏剧性的变化，在恭亲王奕䜣的策动之下皇室集团成功地发动政变，原本居于上风的肃顺等人一夕之间遭到绝杀逆转。据称，在咸丰灵柩要启程回京之前，太后叶赫那拉氏曾命人将犯错的随身太监安德海押至北京问罪。而实际上安德海的任务，却是奉了太后的密令先到京城去和奕䜣取得联系，准备发动政变。九月二十三日，先帝的灵柩启行之后，叶赫那拉氏便找了些理由让肃顺等人在后护送灵柩，而自己与小皇帝载淳及太后钮祜禄氏一行则兼程赶路，比肃顺等人还早四天回到京城。次日，在奕䜣的策动之下，留京众臣便联名奏请两宫太后垂帘听政。于是叶赫那拉氏便要诸王大臣奏议此事，并降旨将八大臣全部革职拿问。而一时大意的肃顺，便这样在半路上就被莫名其妙地抓了起来，然后以一些莫须有的罪名给处死了。首脑肃顺被剪除后，载垣、端华亦被下令自尽，而其他五个顾命大臣也全都被革职查办。只维持了数十天的"祺祥"年号，也以两宫共同治理之意改为"同治"，由两位皇太后在养心殿垂帘听政。随后，立下首功的奕䜣被任命为议政王、首席军机大臣、总理衙门大臣（高级官员）等职务，中央政府的重要位置全部换血，两宫太后获得最后的胜利。

法俄有意军援大清　　另有居心英国人插手

之前沙俄在咸丰八年（一八五八年）与大清签订《天津条约》时，就试图以赠送枪炮、派员训练中国部队为手段，来达到控制的目的。但后来沙俄人因为怕得罪正对大清进行军事攻击的英国，所以便把原本答应要运交给大清的枪炮，又挪去给正在侵占乌苏里江以东的俄军使用。到了去年（一八六〇年）与大清签订完《北京条约》后，俄使又再次提出同样的建议，还答应派兵助剿太平军。而此时法国则是因英国的牵制，未能取得舟山群岛，所以便也向清政府表示愿出兵助剿太平军，以便进一步将武装势力伸入内地。但英国人在得知法俄此举后，认为这将妨碍他们在大清的权益，所以便极力劝阻清政府不可接受。清廷在考虑之后，决定拒绝助剿之请，只接受枪炮和派员教习的部分。但俄方又认为清廷指定的训练地点距内地太远，不方便自己侵略而一再拖延。最后清政府也意识到掌握新式武器的重要性，决定放弃与俄方的合作，转而开始购买新式枪炮，并让北京、东三省，以及江南的部队配备新式武器并学习武器使用方法。

沙俄试图以赠送枪炮及派员训练清军的手段，来达到控制清军的目的。

年度热搜榜

【同治元年】公元一八六二年

翼王转战入四川

太平军中最具战斗力的翼王石达开，不久前率领着西征军团，沿途经贵州、湖南，再横扫湖北，目前则是已经转入了四川境内。而在东南战线方面，太平天国忠王李秀成的部队则是兵锋直指上海，对其形成了极为严重的威胁。于是清廷急命曾国藩火速赴援上海，并积极与英法等国商借洋兵以助剿太平军。英法为了维护自己在上海的利益，便派出正规部队，和之前华尔的"上海洋枪队"所扩编成的"常胜军"组成联军，然后与李鸿章率领的"淮军"（与湘军同性质的非正规部队，为官员在政府许可下招募的武装民兵），在上海、宁波等地对太平军发起攻击。一般认为，在洋人及新式武器的助阵下，大清政府应该可以有效地压制太平军的进犯，并逐渐取得优势。

清英上海抗太平军

法传教手法粗暴 激众怒教堂被毁

在《天津条约》签订之后，法国便在长沙、衡阳、湘潭等地强占民宅、兴建教堂，作为传教之用。可是这样的行为，最终激起了民愤，目前在长沙就有人张贴"阖省公檄"来揭发法国人的恶行，并号召各地民众起而逐之。而这份公檄在传入江西之后，在很短的时间内便激起了强烈的回应。因为当地的法国传教士罗安当为了扩展传教事业，也同样采取了强行索地要房等十分恶劣的手段。结果当地民众在忍无可忍的情况之下，在三月十七日那天爆发了，捣毁了教堂、育婴堂，以及罗安当所乘坐的船只，迫使罗安当狼狈地连夜逃走。这消息传出之后，湘潭、衡阳等地的民众亦不落人后，也把教堂、育婴堂及教民的房屋全都焚毁，连湖南巡抚毛鸿宾亦拒绝接见传教士。不过，法国方面在闻讯之后十分愤怒，已向清廷表达强烈抗议。预计中央政府将会以惩处失职官员、赔款并重建教堂来处理此事件。

> 事情就这样办了，姐姐，您说行吗？

> 嗯嗯……

虽然两宫太后一同听政，但实际上都是较强势的慈禧掌控一切。

两宫垂帘慈禧独演　大清首度后宫主政

　　在两宫太后坐稳了权力中心之后，群臣也于日前主动献上徽号，其中东太后，也就是咸丰帝的正宫皇后钮祜禄氏称为"慈安皇太后"，而西太后亦即同治帝的生母叶赫那拉氏，则称为"慈禧皇太后"。政治评论家指出，虽然两宫一同垂帘听政，但由于慈安生性懦弱，所以实际上所有权力几乎都是操控在慈禧手中。这也成了大清国成立以来，首度出现由后宫主政的局面。接下来慈禧太后会带领这艘已经载浮载沉的大船驶向何方，将考验着这位年轻寡妇的政治智慧。

台湾强震夺命　棺木严重不足
罹难者超过一千七百人

　　台湾地区在五月十一日晚上发生强烈地震，在南部地区造成严重伤亡。据官方的初步统计，有八千多间民房倒塌，死亡人数也在一千七百人以上。同时，因为死亡人数过多，目前除了救灾以外，棺木严重不足也成为令政府头痛的问题之一。

靠人不如靠己 同文馆已奏准成立 培养本国翻译人才

鉴于以往大清官方没有自己的翻译人员,多以外籍传教士临时兼任翻译,使得在谈判时屡屡吃了闷亏,在恭亲王奕䜣的奏请之下,清廷已经同意在"总理各国通商事务衙门"之下成立同文馆,以培养本国翻译人才。目前同文馆初步的规划是设置英文、法文、俄文三班,并以八旗子弟为招生对象。师资方面,除汉文课程外,其他的科目多聘请外国人来担任教师。根据教育学者的看法,在课程的规划上,未来极有可能会再增设其他外语课程,如德文、日文,甚至在数理等基础科学方面也会开设专班。招收对象也可能会放宽限制,让汉人也能一同入学。在步入正轨之后,相信它不仅对外交事务会有极大的帮助,也能加速大清吸收西方先进知识的速度。

清军兵围天京 翼王入川受挫

大清政府与太平军之间的争斗又有新的发展,由曾国藩率领的湘军在去年(一八六一年)克复安庆之后,便利用其自有水军之优势顺江东进,然后在今年四月的时候,完成了对天京的包围态势。于是天王洪秀全只好急命正在进攻苏州的李秀成回军救援,并于九月间对围驻于南京雨花台的湘军进行猛烈的攻击。在经过几轮攻守会战之后,来援的太平军被击退,天京之围仍旧无法解除。而在西方战线上,由翼王石达开所率领的西征军团也同样陷入不利的境地。自石达开入川之后,战事便不如初期般顺利。他先是在綦江受挫,被迫西行至宜宾之后,在抢渡金沙江时,渡船又被清军击沉,还被清军以水路包抄,目前善战的石达开可以说是陷入前所未有的险境之中。

> 快回来救我啊!

> 我也自身难保……

天京的洪秀全与入川的石达开都受到清军围攻,太平天国陷入前所未有的危机之中。

政府平白损失七十万两白银，在解散了阿思本舰队之后，一切仍是回到原点。

花钱买经验…… 英国人代购出纰漏 阿思本舰队解散

在清廷的授权之下，代理总税务司一职的赫德，发函请求因病回英的李泰国代大清向英国提出军购需求。规划中，这次总共要购买七艘新型军舰并雇用相关技术人员，其中大清的人员要占一半以上，并由大清派总兵（军事指挥官）管理各船，每一艘船舰上也会有大清的管带（舰长）来统率水手及士兵。但赫德不知道是想故意造成既成事实还是怎样，竟然没有将上述条件告知李泰国。结果李泰国还以大清政府代表的身份，与英国海军上校阿思本签订合约，明定该舰队由阿思本担任司令，而阿思本只接受经由李泰国传递的大清皇帝命令。另外，还约定舰上只用洋人，且所有人员的任用赏罚都由阿思本全权决定。而李泰国随同舰队抵达大清之后，又提出一次给付四年一千万两白银经费、撤除南北洋大臣以便他全权主持海关，以及大清各口岸轮船全归其调拨、上海常胜军也归他指挥的种种不合理要求。由于事情的发展实在过于离谱，所以清廷最后便决定遣散舰队。之后，英国为免舰队落入太清国之手，真的加强了大清的海防力量，所以便以二十一万三千两白银的代价将七艘军舰买回。大清则是在革除了李泰国总税务司一职之后，发给各军官水手遣散费了结此案。政府在此事件中平白损失了几十万两白银之后，一切仍是回到原点。

年度热搜榜

【同治二年】公元一八六三年

捻军张乐行被终结　翼王太平军行末路

　　政府军近来可说是大有斩获，由僧格林沁所率领的骑兵部队，不但大破捻军黑旗总目苏天福，俘虏了头领张乐行，还传回石达开投降并被凌迟处死的消息。之前，翼王在四川的攻势受到清军逆转之后，一路转进到大渡河边，但当地的土司（获清廷认可的边疆民族世袭头领）却将铁索桥拆掉以阻止太平军进入。此时已陷入绝境的石达开，面对重重包围的清军优

> 永别了，兄弟！你们赶紧去剃头吧……

陷入重围的石达开因不忍全军被活活饿死，只好只身向清军投降。

势兵力，因不忍见到全军因无法脱困而饿死，所以只好只身向清军投降。在石达开被押至成都凌迟处死之后，太平军最令清廷畏惧的力量已经不复存在，太平天国的覆灭看来只是迟早的问题了。

外籍佣兵遭解职　立场瞬变投敌营

　　在外籍兵团"常胜军"的统领华尔战死后继任其位的白齐文，因为殴伤大清政府官员又强抢军饷等恶劣行径，被江苏巡抚李鸿章给免职，于是白齐文便反过来前往苏州投靠太平军阵营。据闻，不久前当李鸿章所率领的淮军协同常胜军进攻苏州时，白齐文还私底下与常胜军的统领戈登会晤，劝戈登与他联手攻陷北京，但被戈登所拒。看来，同样是在大清效力的外籍雇佣军人，在心态上也存在不小的差异。

年度热搜榜

【同治三年】公元一八六四年

洪秀全病危归天　天京城破在旦夕

原本企图回军以解天京之围的太平天国忠王李秀成，在去年（一八六三年）南渡长江时却意外遭到清军的截击，只能于猛烈炮火下冒险过河。在十二天的渡河过程中，光是战死和溺毙的士兵加起来就数以万计，而来不及渡江的余部也多因军粮断绝而饿死在北岸，最后只剩下一万多人回到天京协防。但这并没有让整个战况好转，在这之后太平军仍是节节败退，不但外围要塞尽失，还陷入缺粮困境之中。据说，因为情势十分危急，所以李秀成还一度力劝天王洪秀全放弃天京先避走他处，不过洪秀全仍然执意坚守到底。到了今年年初，收到天王诏命的各路太平军也陆续回援天京，只不过仍然未能突破清军的战线，最后还是被一一击破。而更令太平军震撼的是，他们的精神领袖，洪秀全竟然于四月二十七日因病去世。虽然在洪秀全的遗诏中已经宣称，将会到天国向天父天兄调请天兵来保卫天京，而年仅十六岁的洪天贵福（洪秀全之子）也在众人拥戴之下登位，并由忠王李秀成主持一切军政大事。但此时城中已无存粮，外面又有湘军急攻，群臣早已无策可出，只怕天京之破就在旦夕之间了。

新疆起义扩大　俄人又想渔利

之前新疆地区的起义不断扩大，在政府军无力平定的情况下，起义军领袖妥明，已于日前在乌鲁木齐称王。由于伊犁也受到起义军的围攻，使得沙俄商人的贸易活动大受影响，所以他们为了维护商业利益，便商请伊犁将军常清行文给沙俄的西西伯利亚总督府以借兵助剿。当常清将此事向上奏报之后，清廷虽然知道沙俄人可能借着出兵助剿的机会顺势占夺领土，但因为已经无计可施，所以也只能无奈地同意此事。不过，出人意料的是，当此项请求提出之后，反而是俄方没有答应。原来是沙俄政府在评估之后，认为起义军最后应该会消灭当地的政府军，所以他们打算在起义军获胜之后，再以代收伊犁的名义，出兵消灭起义军然后堂而皇之地占领伊犁。

天京被破遭屠城　太平天国成云烟

在洪天贵福继任天王之位后不到一个半月的时间，天京（南京）便被曾国荃（曾国藩之弟）所率领的湘军所攻陷了。城破之时，不但守城的三四千名太平军皆战死或聚众自焚，没有一人投降，连两千多名宫女也都自缢或投河而死。随后湘军进驻并下令屠城，城中老弱妇孺大多遇难，南京城也在清军的刻意纵火之下付之一炬。虽然在城破之前，忠王李秀成已携洪天贵福出逃，但不久后也被清军拦路截击。李秀成为了让洪天贵福可以顺利脱逃，便把自己的坐骑相让，还让一部分护卫队保护天王先行，自己则与剩余部队留下断后。在寡不敌众的情况之下，李秀成最后还是被清军所擒而遭凌迟处死。而洪天贵福则是辗转逃到江西之后，于九月二十五日被俘，并在一个月后遭磔身亡。目前除了与太平天国合作的捻军还在华北继续活动以外，只剩少数的太平军残部在华南一带活动，曾经拥有半壁江山的太平天国至此已正式灭亡。

曾经拥有半壁江山的太平天国最后还是难逃灭亡的命运。

年度热搜榜

【同治四年】公元一八六五年

> 你也跟我一样要到顶楼吗?

> 不!不……我在这一楼下就可以了。

近来声势及权力都快速上涨的恭亲王奕䜣已经引起了慈禧太后的戒心

走红太过后遗症　慈禧心戒恭亲王

自从"祺祥政变"成功之后,慈禧太后对立下首功的恭亲王奕䜣可说是信任到了极点,不但封他为议政王,军机处行走,食亲王双俸,还许他的同胞亲弟奕譞掌管禁军神机营。只不过随着奕䜣的声势权力越来越高,慈禧也不由得开始起了戒心。日前,这一点微小的改变被翰林院(职掌修史编书、文辞翰墨、皇室侍讲的核心官员储备所)官员蔡寿祺嗅了出来,他便写了一篇痛陈时弊的文章,指陈奕䜣的诸多罪状,于是慈禧便以此折要群臣商议如何治奕䜣的罪。但没想到大臣中有许多人都跳出来为奕䜣申辩,弄到最后慈禧也不好再说什么,只好妥协轻办,仅仅撤销了奕䜣议政王的头衔便了事,而发起参劾的蔡寿祺则成为这次政争的牺牲品。资深评论家认为,虽然奕䜣在这次斗争中全身而退,但其权力已被慈禧太后大大地削弱。依奕䜣的个性及忠诚度,应该不会选择太激烈的手段反扑,比较有可能的会是慢慢淡出政坛以求明哲保身。

僧格林沁中伏全军亡　曾国藩接手剿捻重任

　　大清最具战斗力的僧格林沁所部骑兵，为了追击捻军集团，近三个月来，可以说是穷追猛打，一刻也没有松手。这样紧咬不放的追击方式虽然带给捻军极大的压力，但在长途奔波了将近三千公里之后，这支蒙古铁骑也开始渐渐露出疲态。不但许多猛将都已先后战死沙场，部队也人困马乏，有如强弩之末一般。而脾气又臭又硬的僧格林沁又坚持不要别的部队支援，弄得已达极限的部队怨言四起。捻军看准了这一点，便设计将清兵诱至曹州高楼寨并设下伏兵，结果急于应战的僧格林沁果然督兵冒进，一下子就中伏陷入重围之中。之后，被围死的僧格林沁只好率领少数随从乘夜冒死突围。但就在他们杀出一条血路，逃到曹州西北的吴家店之后，僧格林沁却意外被一捻军少年斩杀于麦田之中。在僧格林沁部队全军覆没之后，北京立刻宣布戒严，并急令曾国藩为剿捻钦差大臣，以防堵捻军北上京畿之地。曾国藩接手剿捻重任后，改追击战略为四镇堵剿，于河南周家口、山东济宁、江苏徐州、安徽临淮关分置四镇，分驻八万淮军和湘军，准备将捻军包围在江苏、河南、安徽的边区之地。

冲啊！

僧格林沁率领蒙古铁骑千里奔击，终于体力耗尽而中伏身亡

清政府无力平叛　阿古柏席卷新疆

位于中亚的浩罕王国，因见到喀什噶尔发生暴动，把大清派驻当地的官员给赶走了，于是便派大将阿古柏率领强悍的兵团，携同布素鲁克（张格尔之子），趁着这个机会入侵。阿古柏从五月初，自喀什进犯叶尔羌开始，便连下英吉沙、库车等地，不久又攻陷喀什噶尔汉城，在残杀了四千名官民之后，还放任部下在城中任意劫掠七天之久。目前由于敌军气势大盛，所以布素鲁克已建国称王。不过所有人都知道，虽然表面建立的是布素鲁克的王国，但实际上的军权却操控在阿古柏手中。

【国际要闻】美国总统林肯被刺身亡

一八六一年因奴隶问题爆发的美国南北战争，终于在北方的"美利坚合众国"的胜利中结束。但是，去年（一八六四年）连任成功的美国总统林肯，却在南方的"美利坚联盟"投降之后第六日，于剧院中被一位激进的南方支持者刺杀身亡。凶手在逃亡十天后被发现躲藏在一处农场之中，在一阵交火之后被军方击毙。一般认为，林肯的死亡虽然会为美国政坛带来极大的冲击，但对于内战的结果以及解放黑奴的大方向，应该不会产生影响。

美国总统林肯在剧院被刺杀身亡

年度热搜榜

【同治五年】公元一八六六年

造船厂机器局相继设立 政府积极提升国防实力

鉴于西洋军舰船坚炮利，实力远在大清国之上，所以在闽浙总督左宗棠的建议之下，中央政府已经核准在福州马尾设立船政局，并筹设福州造船厂，未来将以自制新式战舰为目标。除了硬件建设以外，左宗棠也在船政局之下附设了船政学堂，积极培养本土学生以提升海防实力。在目前的规划中，船政学堂将招收十六岁以下的学生，分造船、驾驶两班。学制方面则模仿英法海军学校的体制，以五年为修业时间，学生合格毕业后将授予水师官职或另行派充监工、船主等任务。另外，清廷也依恭亲王奕䜣之建议，命三口通商大臣崇厚开始筹设天津机器局，以便自行制造新式的军火武器。从最近清廷一连串的决策来看，似乎颇有耳目一新的气象，相信未来造船及军火工业如果能够顺利发展的话，将对整体国防力量的提升有关键性的影响。

成也棉花败也棉花 金融风暴席卷上海

自从英国丽如银行在道光二十八年（一八四八年）于上海开设分行之后，便陆陆续续有不少银行开始进驻。后来美国南北战争开打，使得美国南方的棉花出口量骤减，进而导致欧洲的棉花短缺，因而转向大清国采购棉花。就这样，在棉花经济的带动之下，上海不但成为大清国棉花的主要出口地，也连带吸引了外资不断进入，各银行股价翻倍增长，经济景况可以说是空前繁荣。不过，美国在内战结束之后，由于棉花种植复苏，又重新抢回了欧洲的外销市场。出口受阻的大清国棉业立时出现危机，上海经济因此受到重创。再加上英国伦敦、印度孟买等地的金融风暴，也波及上海金融业，在上海，不但建筑、房地产等产业受到严重冲击，连之前在投机狂潮前进入上海的各家银行，也都在这次的金融风暴中遭殃。在股票大幅贬值后，目前还存活的外资银行只剩下汇丰、法兰西等五家，其他的银行则是全部宣告倒闭或直接撤资了。

金融风暴席卷上海，造成多家银行相继倒闭

年度热搜榜

【同治六年】公元一八六七年

美国人当大清国使节
蒲安臣率团访美欧

由于美国驻华公使蒲安臣即将任满回国，而此时正准备派出使节团前往西方各国的清廷，也在为找不到合适的人选伤透脑筋。于是恭亲王奕䜣便建议干脆委任蒲安臣为办理中外交涉事务大臣，以全权代表大清国前往欧美各国进行外交工作。资料显示，蒲安臣自美国总统林肯就职后不久，便被任命为第十三任驻华公使，在一八六二年抵达北京之后，便积极执行美国国务卿西华德所提出的各项对华合作政策。不同于英、法、俄等国公使的强横态度，蒲安臣始终坚持对大清国开展公正的外交活动，既不要求占领租界，也不曾提出任何破坏大清国领土完整的威胁，因此格外得到清廷的好感与信任，也正因如此，奕䜣的提议很快便获得高层的认可。预计由蒲安臣所率领的使团，将于明年年初从上海出发，先到美国之后再转往英、法两国，随后再拜访欧洲其他各国。

> 你好，我是大清特使……
>
> 大清人长这样？

【国际要闻】日本各藩密谋倒幕　德川祭出大政奉还

日本在一八五三年爆发黑船事件之后，主政的德川幕府（掌握中央实权的德川家族）被迫先后与美、英、法等国签订了一系列的不平等条约。在文化、经济上受到巨大冲击的日本政坛也因此掀起波澜，长州、土佐、萨摩等藩与幕府之间的关系急剧恶化，各藩甚至结成了军事联盟，试图直接与天皇接触。据说，今年才刚继位的明治天皇，已经暗中向倒幕派发出一份密诏，同意他们采取推翻德川幕府的行动。不过，幕府将军德川庆喜当然也不是这么好打发的，他立刻做出反制，提出了"大政奉还"的奏文，表明愿意将政权归还给天皇。这样一来，使得发动武力倒幕的理由失去了正当性，而德川庆喜却仍牢牢地掌握着最重要的军权及领地，然后幕府方面再借口天皇及倒幕派对政务运作不熟，而派遣家臣进入新政府之中协助。如果一切照着这个剧本走的话，德川庆喜无疑还是最后的大赢家，但倒幕派是否会就此停手？还是会采取更激烈的手段？在答案尚未确定之前，只怕这种紧绷而诡异的氛围还是会持续笼罩整个日本政坛。

年度热搜榜

【同治七年】公元一八六八年

纵横八省十余年　捻军终被镇压

　　遭到湘军、淮军围剿的捻军集团，在前年（一八六六年）分为东西两部，企图甩开政府军的包夹。其中被李鸿章的淮军所围困的东捻部队，因突围失败而导致主力军团覆没。而西捻部队在转战陕西之后，沿途经山西向南穿入河南，之后为了营救已在危亡之际的东捻军而转向东北挺进直隶，甚至一度逼近保定、天津，但后来在官军的追击之下，转移到山东之后被围困于茌平，最终被击溃而全军覆没。纵横八省十余年，极盛时期总兵力将近二十万人的捻军，至此终被平定。

【国际要闻】日本幕府倒台　全国一致对外

　　在去年（一八六七年）德川庆喜提出"大政奉还"的策略，暂时封住倒幕派的行动之后，再度受到钳制的明治天皇也决定与德川摊牌。他放手一搏地颁布了"王政复古大号令"，直接宣布废除幕府，并命令德川庆喜辞官纳地，拔除其所有的权力及领地。面对天皇这样的挑战，德川庆喜毫不犹豫地选择了以武力还击，于是大军从大阪倾巢而出，准备与倒幕派在拳头上见真章。以萨摩藩、长州藩为主力的倒幕派军队，虽然在人数上居于劣势，但因为配备了新式的武器及编制，所以在京都附近的鸟羽、伏见两地，与德川军进行了三天的激烈战斗之后，终于取得了重大胜利。随后他们又乘胜追击，直扑幕府将军的大本营江户。但在决战之前，倒幕派组成的新政府决定再与德川进行最后的协商。经过一番努力之后，在以国家为重的前提下双方终于达成协议，决定江户不流血开城，幕府统治时代正式结束，接下来将一致对外，力求脱胎换骨。

> 太好了。

日本明治天皇放手一搏，终于扳倒德川幕府

年度热搜榜

【同治八年】公元一八六九年

太监爱打同治皇帝小报告

由于十四岁的载淳已达适婚年龄,所以慈禧太后便要亲信太监安德海前往苏州,为皇帝大婚采购龙袍礼服。但因为载淳对于安德海时常在慈禧面前打他小报告的行为早就怀恨在心,所以便想借此机会加以报复。等到安德海大摇大摆地从京杭大运河一路南下,进入山东之后,早已收到指示的山东巡抚丁宝桢,便以安德海自称奉旨差遣,招摇煽惑、真伪不辨为由上疏加以劾奏。而同治皇帝虽然

载淳计斩慈禧宠宦安德海

之前早已当着慈禧太后的面,对安德海出城一事表示赞成,私底下却与慈安太后(咸丰帝正宫皇后)达成共识,趁着慈禧太后生病的机会,由慈安太后以祖训不准太监私出为由,传下懿旨命山东巡抚丁宝桢逮捕安德海以及随行的二十余人,当场立即处死。等到慈禧太后获悉此事的时候,一切早已成为定局,她虽然对儿子的擅作主张十分生气,但也无可奈何,只好不做任何追究。

同治趁着慈禧太后生病的机会,设计斩杀了平常爱向太后打他小报告的太监安德海

年度热搜榜

【同治九年】公元一八七〇年

法教堂拐卖婴幼童？
法国领事态度嚣张 被众殴死引发危机

天津日前陆续破获多起拐骗儿童的案件，而所有事证竟然都指向法国的天主教堂。其实近几年来，便一直有教堂通过地方上的不肖分子，四处收买婴儿的传闻，而这次被逮捕的嫌犯，也和该教会的信众有极密切的关系。加上五月时，教堂又曾爆发过三四十名幼童集体死亡的案件，据说修女们还极不人道地将好几个幼童尸体塞入同一棺中草草掩埋。这一切的惊悚传闻，已让天津百姓议论纷纷，认为法国教堂会迷拐婴幼儿，然后残忍地将其挖眼剖腹。由于舆论已近沸腾，所以大清官方也不得不审慎应对，将嫌犯带到望海楼天主堂去实地调查此案。为此，法国领事丰大业还特别去找三口通商大臣崇厚理论。但态度嚣张的丰大业不但在途中殴伤大清国巡捕，还当着崇厚的面开枪恐吓，最后更在路上向天津知县刘杰开枪并击伤一名官员随从。在旁围观的群众被丰大业的野蛮行为激怒，一时群情激愤，失控的民众群起围殴，不但打死了丰大业及其他十二名洋人，还焚毁教堂、洋人房屋与法国领事馆。虽然此事是由丰大业所挑起，但如此一来，又引起英法美等七国军舰集结在天津、烟台一带示威，让情势又紧张了起来。

阿古柏控制新疆

喀什噶尔的阿古柏在称汗之后，为了扩大自己的势力范围，决定向外并吞其他的领土。不久前他挥军北进，一举击溃了由妥明所建立的另一个汗国，成功地夺下乌鲁木齐的控制权。目前新疆全境除伊犁外，已全部被阿古柏所控制，而大清政府则几乎失去了对新疆的控制权。

两江总督马新贻遇刺身亡

江南地区日前发生了一件惊天大案，两江总督马新贻在阅视军队操演之后，步行回官署至门口时竟然被刺杀身亡。案发当时，凶手忽然从人群中蹿出，一面大喊冤枉，一面抽出匕首刺入了马新贻的右肋之中。虽然凶手当场就被逮捕，但马新贻因伤重于第二天不治身亡。据这个名叫张文祥的刺客自己供称，之前他因为老婆和钱被人霸占而向当时担任浙江巡抚（地方行政长官）的马新贻拦轿喊冤，但并未被受理，使得他最后只能改向宁波府告状。虽然要回了妻子，钱却追不回来了，气急之下他便逼妻子吞烟自尽。所以他一直觉得这一切都是马新贻所害，再加上后来他有许多海盗朋友被马新贻所捕杀，而他所开设的非法当铺也被查禁，几乎断绝了生路。种种的新仇旧恨加起来，才让他犯下了刺杀总督的这件大案。

投名状？ 刺马案真相出现多种版本

由于刺马案官方版本的说法仍然疑点重重，所以许多名嘴也纷纷在谈话性节目中揭露各种传闻。一说是马新贻曾在剿捻时被捻军头目张文祥所俘，但因张文祥久欲投清，所以不但放了马新贻，还同挚友曹二虎等人与马新贻结为异姓兄弟，张文祥的部队被收编为山字营官军。但后来马新贻随着官位不断高升，不但对兄弟之情逐渐冷淡，还诱奸了曹二虎的妻子，并将其诬以通捻之罪捕杀。张文祥为替曹二虎报仇，才痛下杀手，以身搏命。另外，还有传闻说是因为江苏巡抚丁日昌的儿子犯了案，归马新贻查办；丁日昌私下找人向马新贻请托，但马新贻却不买账，因此丁日昌便买通杀手行凶报复。甚至，也有传言说是因为曾国藩在镇压太平军的过程之中，湘军实力逐渐坐大而为清廷高层所忌，于是慈禧太后便把曾国藩调离两江总督的位子另派马新贻接任，以牵制湘军的势力，但由于马新贻到任之后，就开始追查太平天国留下的大量金银财宝，严重威胁了湘军集团的利益，所以湘军才会指使张文祥将其刺杀。由于种种传闻都说得好像确有其事一般，所以就算没有办法加以证实，也应该可以改编成一部极为卖座的电影吧。

这电影真不错！

我也去看看！

两江总督马新贻被刺的传闻，精彩到可以编成热门电影

处死百姓　赔偿道歉
天津教案清廷让步　法方接受另有隐情

由于法国在与普鲁士的战争中失利，李鸿章幸运地成为谈判的大功臣

在外国舰队的威逼之下，清廷对于之前天津教案的处理方式不得不特别谨慎。一开始，以慈禧太后、同治皇帝、醇亲王奕譞，及大臣翁同龢、倭仁等一派，坚持对法国采取强硬的态度。但以恭亲王奕䜣、大臣曾国藩、李鸿章、文祥等一派，则是力主洋人虐死婴儿一事并无证据，理应给洋人一个合理的交代。最后几经讨论，慈禧太后终于同意将二十名肇事的大清国百姓处死，另外二十五人充军流放，将天津知府张光藻、知县刘杰革职戍遣，赔偿四十六万两白银，并由三口通商大臣崇厚出使法国为此事件正式道歉。虽然法方意外爽快地同意了，但这个结果在国内引发了舆论的不满，把查办此事的曾国藩骂成是卖国贼。由于民怨沸腾，清廷也只好将曾国藩改调两江总督，另以李鸿章来接替直隶总督的位置。至于原本态度强硬的法国，这次竟然没有再另外提出许多无理要求的原因，根据记者所得到的资料，其实是法国在与普鲁士的作战中失利，法国皇帝拿破仑三世还做了俘虏。所以法国公使这次才会收起嚣张的气焰，赶紧商请俄、普、英、美四国的驻华公使，敦促大清政府早日结案。这与清廷高层认为是李鸿章善于外交谈判的缘故，差别还真是不小。只能说李鸿章官运亨通，刚好搭上了这班顺风车，登上了直隶总督的高位。

年度热搜榜

【同治十年】公元一八七一年

> 大雄，你怎么又考零分？

> 嘻！那张是我同学的，我这次考了12分呢，给我奖品！

> 皇上！

> 千年杀！

同治皇帝资质差又不肯认真学习，上课的时候总是心不在焉又爱嬉闹，令老师非常头痛

——资质差又不学习 小皇帝令人担忧——

由于载淳功课很差，又没有学习意愿，加上每次上课的时候总是心不在焉，所以让老师非常头痛。陪读的载澂（恭亲王奕䜣之子）与同治皇帝臭味相投，两人年纪相当，又是爱玩的年纪，而载澂又会逗人开心，所以哥俩的感情真是好得不行。据闻，有一次奕䜣进入弘德殿，意外看到自己的儿子不但没有安分陪读，还和载淳一起在那边演起戏来了，而且一副邪恶污秽的痞子样，所以当天回家之后，就把载澂给狠狠地骂了一顿。当然，在责骂的过程中，难免会有一些责备的话把皇帝也牵扯了进来。只是后来不知怎的，载淳竟从身边那帮小太监的口中得知此事，便十分生气地说，有一天要亲手用刀子把奕䜣给宰了。这个自清朝开国以来最不认真读书的小皇帝，能否在两年之内做好亲政的准备，将国家带向富强之路，确实是非常令人担忧的。

俄军借口代管出兵强占伊犁

去年（一八七〇年）阿古柏领军攻陷乌鲁木齐之后，沙俄政府果然在今夏便出兵伊犁，击溃了起义军，随后并强行占领了伊犁及附近约七万平方公里的土地。按照沙俄提出的说法，他们之所以会派部队进入伊犁，完全是因为大清政府已无法在当地行使职权，基于朋友之间的道义，所以才会出兵暂时代为管理，以免落入他人之手。清廷在得知此讯息之后，表示将会向沙俄政府提出交涉，要求其交还伊犁。但熟悉国际情势的专家则认为，沙俄之所以会以如此离谱的借口公然派兵侵占大清国领土，就是看准了大清国绝不可能重回新疆。由于大清积弱不振，想要以论理的方式在外交上有所收获，也几乎成了不可能的事。这种情形，早在与西方列强谈判的过程中便已得到验证。如今，想要以交涉的方式，让沙俄从口中再把伊犁这块肥肉吐出来，只怕困难如登天。

【国际要闻】日本使团参访欧美

日本在一八六八年幕府倒台之后，急欲追上西方各国的新政府，在日前任命了右大臣（高级官员）岩仓具视为全权大臣，率领参议木户孝允、大藏卿大久保利通、工部大辅伊藤博文等一行四十八人，组成使节团前往欧美访问，准备以将近两年的时间参访十二个国家，对西方各国的工商业、法制、教育、军事等方面展开详细且深入的考察。一般认为，这支考察团在回国之后，将会对日本的现代化产生极大的影响。

年度热搜榜

【同治十一年】公元一八七二年

太平军最后一役

在太平天国翼王石达开于四川失败之后，其部将李文彩便率领余部转战于贵州东南各地。其间虽然也曾屡败清军，但毕竟实质上已经失去了有力的援助，精神上又遭逢太平天国的覆灭，所以最后仍是不敌清军的追剿，日前在牛塘与清军的激战中被击溃，成为太平天国旗号之下的最后一场战役。

慈禧不悦皇后人选　太后干涉新婚生活

由于载淳已经到了十六七岁的适婚年龄，所以在之前两宫太后便开始为同治皇帝物色对象。一开始慈禧中意的是富察氏，而慈安喜欢的则是阿鲁特氏，因为两人之间无法达成共识，所以最后便让载淳自己决定。结果小皇帝选了阿鲁特氏来作为他的皇后，并在九月十二日举行了大婚典礼。虽然两人在婚后感情还算不错，但慈禧太后因为阿鲁特氏不是她属意的人，而开始对皇帝的夫妻生活横加干涉。据闻，因为阿鲁特氏体态稍丰，所以慈禧便故意令其奔走，又指责她不懂宫中之礼仪，还不断地以皇帝即将亲政必须节欲为由，要载淳少跟她同房，然后又自打嘴巴地要载淳多跟她中意的慧妃富察氏共寝。最后载淳被讲得烦了，不但很少到皇后寝宫去，索性连慧妃那里也不想去了。

您不是说让我自己选吗……

由于同治所选的皇后并非慈禧太后属意的人选，新婚生活便受到百般干涉

【国际要闻】日本加速西化　富强指日可待

　　日本近年来对于西化强国可说是不遗余力，不但发布征兵令建立了新式的常备陆军，还在东京设立海军学校，聘英国的海军军官担任教官，积极培养自己的海军官员，以期在提升海军战力的同时，摆脱洋人对日本海军控制的阴谋。不仅如此，日本还积极地设立工厂、建造铁路，还成立银行、发行纸币，现代化速度之快，似乎已把还在昏睡中的大清国给远远甩开了。评论家表示，日本在受到西方列强侵略之后，便意识到自己在制度、科技上远远落后，于是便决定西化，奋起直追。在新政府的规划中，日本把西方列强对自己的侵略，用最短的时间转化成向邻国的扩张，一方面以夺取邻国领土来弥补自己的损失；另一方面又和西方列强联手一同侵略邻国。而在日本计划中受害的邻国，首当其冲的当然就是朝鲜，而大清国要是再一直积弱不振的话，恐怕在日本崛起之后，也逃不了被迫害侵略的命运。

左宗棠缓进速决　胡雪岩助筹军资

　　为了能尽快平定新疆，陕甘总督左宗棠在深思熟虑之后，决定采用"缓进速决"来作为下一步的战略方针。所谓缓进就是先做好开战的前期准备，积极筹措军饷、积草屯粮、整顿军队、减少冗员，增强军队的整体战斗力。而速决则是考虑到国库已近空虚，为了节省军费，所以在大军出动之后便要速战速决，争取在最短的时间内取得全胜。但由于所需军费将近一千万两白银，远远超过国库所能负担的范围，所以清廷便决议拨银五百万两，另外五百万两则由左宗棠自行筹措。于是左宗棠通过昔日他在筹办福州船政期间就已经搭配默契的商人胡光墉（胡雪岩），向上海的外国银行完成了这笔军费的借贷。目前，左宗棠已经移驻兰州，并派出湘军部队强攻马文禄所在的肃州。在政府军的日夜进攻之下，敌军虽然还在力撑，但已开始渐露疲态了。

> 没问题，钱的事包在我身上……

清军重兵压境　大理起义被镇压

　　之前在大理建立政权，并治理得有声有色的杜文秀，虽然在全盛时期曾经数度击败入犯的清军，但在同治六年（一八六七年）大清政府调集大军入滇围剿之后，便因寡不敌众而逐渐失去了优势。今年，政府军又以重兵围攻大理，发起最后的总攻，把坚守不退的起义军逼到了弹尽粮绝的地步。再也无法支撑的杜文秀只好自尽。

年度热搜榜

【同治十二年】公元一八七三年

妄想入主新疆　英俄各有打算

在沙俄人出兵强行占领伊犁之后，由于清廷屡次试图交涉都没有任何结果，所以总理衙门便就此事询问陕甘总督左宗棠的意见。对此，左宗棠则认为现在这种状况恐怕不是交涉可以解决的，当今要务应该是精选守关之将，而整个行动的重点，则是应该先克复乌鲁木齐，等打败了阿古柏之后，再来考虑收回伊犁的问题。而评论家也指出，其实对于新疆南部有兴趣的不止沙俄，连英国也积极提供武器枪炮给阿古柏。英国人所打的如意算盘，是先维持阿古柏的统治，然后再想办法把南疆变成英国的殖民地。而俄军在不久前欲东进夺取乌鲁木齐时，在半途意外被大清国的民兵部队击败之后，为免南疆落入英国人之手，已决定改为支持清军西征，打算先让南疆保留在大清国手中，然后再伺机加以夺取。

日本欲纳琉球　借口出兵台湾

日本在西化小有成就之后，开始显露其扩张的野心。去年（一八七二年）日本天皇便在未照会大清政府的情况之下，擅自将长久以来一直臣服于大清并向大清朝贡的琉球国国王加封为日本琉球藩王，企图将其划为日本的领土。日前，日本使节又趁着来华修约的机会，对前年（一八七一年）年底，琉球岛民漂流到台湾被岛上民众杀害的事件提出询问。在总理衙门以琉球和台湾皆为大清领土，与日本无关为由拒绝日本干涉之后，日使竟又询问为何大清只抚恤琉球人，而不惩处行凶的台湾人。之后，总理衙门回复说杀人者皆是化外生番，未便穷治。但日使却以此为借口，强词夺理地声称既然大清不管害人之事，那日本将派人登岛查办。从日本人这种无理的行为来看，应该是想借此事件，以出兵台湾的行动，表示琉球为日本所属，进一步造成大清国事实上之承认。

日本以台湾民众杀死琉球渔民的事大做文章，企图并吞琉球

> 妈咪,母亲节快乐。
> 哇!好漂亮的钻石,你怎么有钱买啊?
> 我把公司拿去抵押了,又叫员工捐了一些啊……
> 哎……不但没有年终奖金,还……

同治皇帝执意要花一千万两白银的巨款,帮慈禧太后重新修建圆明园以作为退休后游憩享乐之用

同治执意重修圆明园　初步估计耗费千万两

在同治皇帝载淳亲政之后,垂帘多年的慈禧太后总算可以放下重担,准备开始悠闲地过退休生活。而为了让母后可以安心地远离政治核心,不再对他多加干涉,载淳决定砸大钱重修在咸丰十年(一八六〇年)时被英法联军焚毁的圆明园,以便两宫太后休憩。只是这项重建计划评估下来,所需的费用竟然高达一千万两白银以上,这对财政已经出现赤字的大清政府来说,根本就是一件不可能完成的任务。就在此时,以捐输(捐钱以获得官衔)获得候补知府资格的商人李光昭,却主动上折表示愿意为修园工程报效三十万两白银的木材以为应急。同治皇帝阅折之后十分高兴,马上就同意李光昭所请,并要其他官员也都学着"报效"。但就算官员们都自掏腰包认捐,效果也仅如杯水车薪一般,怎样也补不了这个如天文数字般的工程款。于是各级官员纷纷以无从筹措财源为由,建请暂缓此项计划。只是载淳不但坚持非修不可,还下令革除了为此事上谏的御史游百川之职,以告诫众臣不得再行劝阻。目前,所有官员都已对此噤声,修建圆明园看来势在必行,但工程款至今仍然没有着落。

法国兵入侵越南　黑旗军异域显威

向来是大清国藩属的越南，最近也成为法国侵略亚洲的目标之一。在九月中，两艘搭载着数百名士兵的法国兵船进犯河内，提出了通商、开放红河及限定关税的要求。在越南政府拒绝之后，法国人便发动攻击，在短短的几个小时之内就占领了河内，并继续向内地推进。法军在接连攻陷宁平、南定等地后，与刘永福所率领的黑旗军遭遇。原本不把亚洲军队放在眼里的法国人，这次却吃了大亏，在黑旗军猛进突击之下竟然全线溃败，连指挥官都被当场阵斩。资料显示，刘永福原本是广西三合会的起义军领袖，后来受到政府军围剿才逃入越南境内。在接受越南国王的招抚之后，发展成一支近六千人的武装部队。由于以七星黑旗为标志，所以又被称为"黑旗军"。这次黑旗军虽然成功地阻断了法人的入侵，但一般认为，法国方面之后一定还会再派出更强大的部队，越南被并为殖民地只是早晚的事。

> 我们是黑旗军你拿白旗干吗？

> 啊！一定是我妈拿去洗到褪色了。

> 别吵！法国人来了！

之前受到清军围剿而逃入越南的刘永福，日前率领黑旗军击败了入侵越南的法国部队

掠卖人口获利可观　西洋商人趋之若鹜

西方各国自从资本主义兴起、国内农奴逐步解放之后，人力缺乏的问题就日益严重，于是从亚洲、非洲等地掳掠人口的勾当，便成了炙手可热的商机。大清国沿海地区虽然早就有洋商半诱半哄雇穷民出海的情形，但近一二十年来，绑架掠卖的非法行为居然也开始盛行起来，甚至还有受害者多到船只都来不及装载的夸张情形。不久前，香港更颁布一项规定，表示只要缴纳一笔税额，便可以在香港合法地从事这种苦力交易。这样的做法，不但让许多英国人争相从事这种不人道的交易，连法国、意大利、西班牙等国家的商人也都想要前来分一杯羹。看来西方人的那些《权利法案》《人权宣言》什么的，似乎有肤色上的限定。对于不被他们视为人的亚洲人、非洲人，这些看来全部都是废话，可说是完全没有任何意义。

> 人人生而平等，都应该享有不可被剥夺的基本人权。

> 那为什么还要抓非洲人和亚洲人来当奴隶？

> ……

西方各国在高谈人权的同时，却在非洲及亚洲从事掳掠人口并卖做奴隶的肮脏交易

年度热搜榜

【同治十三年】公元一八七四年

日本登上台湾岛并无理地要求清政府赔款

日军借故登台　大清软弱赔款

一八七一年时，大清的藩属国琉球的渔民出海捕鱼时，因风浪之故漂流到台湾，结果被岛上的民众杀害。原本这件事情和日本一点关系也没有，但因日本觊觎琉球已久，更在一八七二年时未经知会大清便将琉球划为藩属，然后便胡乱扯了些理由，在今年四月派九百名日军登陆台湾，说是要替琉球讨回公道。日军登岛时，虽然没有遇到任何清军的防守，却遭到牡丹社民众的激烈抵抗。在六名士兵被杀之后，日军也杀害了十六名守岛战士而上岸。只是清廷在闻知此事后，并没有马上调派武力前往驱逐日军，而只是派员与日方理论。日本政府因陆军所配备的武器已经比清军精良，又见清廷怯懦不敢动武，所以一度想直接以武力侵台。不过因为登岛部队感染疟疾而导致多人死亡，日本政府只好放弃这样的想法，改派大臣大久保利通至北京谈判。最后清廷答应给付被杀琉球人十万两白银的抚恤金，并以四十万两白银的代价买回日军登台后所造的道路房屋，日方这才同意撤军。评论家认为，大清政府对于这件事的处理方式，等同是在同全世界宣布，大清是一个愿意付钱而不愿意拿起武器来捍卫自己权益的国家。就连英国的报纸，也对大清政府的处理方式感到不可思议。看来，之后应该会有更多想趁机捞好处的国家，不约而同地到大清来圆梦吧。

连皇帝都敢骗！
圆明园重建现弊案 李光昭瞒天过海

去年自愿为重修圆明园买办木植的李光昭，被法国商人控告毁约诈欺，经调查后，已因伪造文书、勒索地方、谎报工程款等不法行为而遭到逮捕。据了解，李光昭在奏准贡献木植以后，便打着奉旨采办的名义，私刻了"奉旨采运圆明园木植李衔"的关防南下，向各地方政府强索贿赂，并在工程款上大动手脚，然后以自吹的"圆明园李监督代大清皇帝"身份，和一位法国商人签订买卖合同，约定将价值仅五万多元洋银的木材运到天津后再付款交货。李光昭原本打算借着采买的名义沿途南下，向各地方政府的官员勒索贿赂，顺便在采购价款上大动手脚以取得油水，然后把赚饱的黑钱拿出一部分来付这笔木材的价款，再向内务府谎报这就是他当初承诺要贡献的木材。如此一来，他便可不花一毛钱就赚得大把的银子，还能在皇帝面前成为红人。只是，事情的发展并没有他想象的那么顺利。虽然同治皇帝已经宣布要重修圆明园，但碍于经费难以筹措，所以各地方官员仍然多采取观望的态度，也使得李光昭的采购行动不如预期。因为弄不到钱，没有办法依约付款给法商，所以他便又以木材尺寸与原议不合而拒绝履约。不甘损失的法国商人便通过领事人员一状告了上去，才让这个世纪大骗局曝光。

> 你这什么态度！我可是购买木材的钦差大臣呢！

> 我还买卫生纸钦差咧……

李光昭打着奉旨采办的名义招摇撞骗，但最后还是东窗事发而遭到逮捕

众臣谏止工程惹怒皇帝　同治一度怒撤核心官员

两宫太后及时出现，阻止了一场同治皇帝怒撤十几位核心官员的闹剧

李光昭行骗事件爆发以后，原本就不赞成修建圆明园的恭亲王奕䜣等众臣，见机不可失便又先后上疏规劝，希望可以及时停工。但在力谏过程中，又扯到皇帝时常微服私出皇宫，夜不归宿等问题，希望同治皇帝能够更专心于政事。载淳被这么一讲也吓了一大跳，想说他偷跑出去玩的事怎么会有人知道，于是便恼羞成怒地一再追问传闻从何而来，想干脆来个否认到底。谁知道奕䜣竟然连时间、地点都说了出来，载淳也只好哑口无言，然后在尴尬的气氛中结束了与众臣的会面。虽然最后载淳在七月底时，宣布暂时停止重建圆明园的工程，并表示待日后四海平定、府库充裕时再重新动工。但这事件到此并未结束，心怀怨恨的同治皇帝在第二天便颁布上谕，将恭亲王奕䜣降为郡王并尽革其职务，然后又传旨准备把十个军机、御前大臣等政府核心官员的职位全都拔掉，并叫来各部长官准备当众宣布此项人事命令。所幸两宫太后在得知此事之后，立刻至弘德殿当着皇帝及群臣的面，直接宣布撤销前一天所颁布的上谕，同时恢复各官的职务，才总算结束了一场闹剧。

同治驾崩幼帝光绪继位

年仅十九岁的同治皇帝载淳，于十二月五日因天花愈后感染的并发症而驾崩。随后，两宫太后传下懿旨，让醇亲王奕𫍽（咸丰之弟，慈禧太后之亲妹夫）次子载湉过继给已去世十多年的咸丰皇帝奕詝并继承帝位。由于新任的光绪皇帝载湉（清德宗）年仅四岁，所以仍由两宫太后恢复垂帘听政，一直到皇帝成年亲政为止。政治评论家认为，因为同治皇帝没有子嗣，所以照理来说应该在近亲之中物色人选过继给他以承接大位。但慈禧太后之所以没有为自己的儿子这么做，是因为考虑到如此一来她向来讨厌的同治皇后阿鲁特氏便会成为皇太后，然后根据两宫的先例垂帘听政，而她自己则会失去

承嗣咸丰两宫仍然垂帘

政治舞台。因此，她选了自己亲妹妹的小孩载湉，故意把他过继给咸丰皇帝，以便自己仍然保有皇太后之位继续垂帘。另外，还有传闻说在同治皇帝临死之前，原本已急召左都御史也就是载淳的老师李鸿藻入见并口授遗诏，要让孚郡王奕𫍽（咸丰之弟）之子载澍来承继他的大统，但后来此遗诏却被慈禧给当场撕毁。但记者在查证之后，已经证实此传闻为不实的捏造，因为在爱新觉罗氏的宗谱记载中，根本就没有载澍这个人（按：载澍原名载栒，为康熙帝长子胤禔第十二子的后裔，与同治皇帝的血缘已非常远，是在光绪四年过继给奕𫍽时，才改名为载澍的）。

> 我这么年轻漂亮，怎么可以当奶奶呢？

同治死后，继承帝位的载湉竟然过继给慈禧太后的先夫咸丰皇帝，而不是同治皇帝

年度热搜榜

【光绪元年】公元一八七五年

不堪慈禧精神凌虐　同治皇后绝食自尽

在同治皇帝载淳死后，他的皇后阿鲁特氏不但没能享有垂帘听政的特权，还被一向不喜欢她的慈禧太后给逼上了绝路。在小光绪帝载湉被接入皇宫之后，慈禧更是以皇帝之寡嫂不宜久居宫中等理由，不断向她施压，企图将她逼出宫。最后，年仅二十二岁的阿鲁特氏终于不堪婆婆的精神虐待，而在同治皇帝死后第七十五日绝食自尽。

> 老佛爷，皇后绝食自尽了……

> 呦……这可是她自己要寻短见啊，可不关我的事。

英探险队浩荡入滇　马嘉理激众怒身亡

原本有意在云南培植一个独立政权的英国政府，在一八七二年回民领袖杜文秀为清军所败之后，只好重新布局。这一次，英国又派遣了一支由柏郎率领的探险队，企图打通从缅甸经云南，然后进入长江的通道。为了引导这支由十五名探测人员及一百五十名英国士兵组成的探险队，英国政府特别命令驻华公使馆的翻译官马嘉理率领六名大清国人，从内地经云南再到中缅边境去接应。但当马嘉理一行从上海溯长江而上，经云南、贵州准备到边境迎接探险队时，却与当地民众发生了冲突。据闻，当地民众发现大批洋人前来时，因认定他们不怀好意，所以便前往阻止洋人进入。而马嘉理在混乱之中，竟然开枪将村民杀死而激怒了群众，结果反被失控的群众所杀。此事件传回北京后，英使威妥玛果然借此大做文章，以武力作为威胁趁机对清廷提出许多要求，目前双方还在就此问题进行协商。

南北洋大臣兼办海防　每年四百万经费投入

> 我算了一下，我们如果一起用的话，这笔钱有点不够，不如你先用好了……

> 太好了，我正愁没地方花……不……是没钱买军舰呢。

对船务较了解的沈葆桢知道四百万两白银不够分给两个单位，便先让李鸿章拿去筹设北洋舰队

　　原本在外国舰队轻松取得制海权并攻入大沽口之后，清廷便有意加强海防力量，但基于种种因素，此想法一直沦为空谈而没有办法真正落实。直到去年（一八七四年）小小的岛国日本竟然出兵登陆台湾之后，政府高层才紧张了起来，感受到发展海上新式舰队的重要性，于是便令直隶总督李鸿章、两江总督沈葆桢，各兼办北洋、南洋的海防军务，还通过决议每年从关税及厘金（商业税）之中，调拨四百万两白银作为南北洋海防军费。虽然初期的规划是要南北双线延伸，平行发展。不过据闻之前曾经担任福州船政局监督的沈葆桢，因为对船务较为了解，认为新式战舰不论是自建还是向外购买，所需要的费用都十分可观，若是每年四百万两白银的经费分给两个舰队使用，实在是太少了。因为扣除官场中挪用、行贿等恶习的花销，实际能拿来买军舰的钱可能只有一点点。所以他似乎有意先将经费全数让归负有拱卫京师之责的北洋舰队使用，待其成军之后，再来发展南洋舰队。对此李鸿章表示，如果传闻属实的话，那他一定乐观其成，因为如此一来的话，扣除官场中打点上下及其他各项开销之后，预计每年大概还剩白银一百二十万两可以使用，而现在每艘新式战舰的报价在四五十万两，这样的话，应该在几年之内便可以建立起一支极具规模的舰队，甚至让大清跻身于海军强国的行列。

受害者变加害者　日本武力欺朝鲜

日本在去年（一八七四年）从台湾撤军之后，便在英国的示意之下，将矛头转向了另一个邻国朝鲜。今年九月时，日本在未得到朝鲜的同意之下，派军舰"云扬号"驶入汉江口内江华岛附近绘测海图，并以寻找淡水为借口派舢舨板向江华岛炮台靠近。朝鲜守军在发现日舰不寻常的举动之后，便发炮示警，结果日舰竟开炮击毁朝鲜的炮台，并派兵登岸攻陷了永宗城。在将城中劫掠一空之后，又一把火把房舍全都焚毁才退回舰上。日本在受到西方的压力而被迫变革之后，不但文化、制度、科技都向洋人看齐，连侵略的行为与思想也变得与洋人几乎没有差别。据了解，已经由受害者转变为加害者的日本，在此案发生之后，官方以及各家媒体，竟然都一面倒地将起因归咎于朝鲜无礼。目前以西乡隆盛为首的征韩派，似乎已经成了日本的主流，看来东亚地区将会因日本的野心而进入更混乱的局面。

海防？塞防？　左宗棠终获清廷支持

由于日本近年来频频向外侵略扩张，所以直隶总督李鸿章便向朝廷建议，应以日本为主要的假想敌，全力发展海军防务。但由于国家的经费有限，所以李鸿章主张放弃每年都要耗费百万两白银的"塞防"，干脆依英国人的建议，允许新疆的阿古柏政权存在，只要求其纳贡称臣，便不需要再竭尽财力去养西征大军。如此一来，便可以将全部的国防经费用在"海防"之上。但陕甘总督左宗棠对此议则是予以力驳，他认为如果不用武力解决阿古柏问题的话，最后新疆不是被英国控制，就是被沙俄鲸吞。如此一来的话，将使西北边防失去防御要塞及重镇，到时边防军不但不可能裁减，还得再把军力向上提升。况且新疆一旦丢失的话，对内重挫民心，对外则必增长列强之侵略气焰，反而不利于海防。在两方激烈争论之下，最后慈禧太后（载湉姨母）决定支持塞防论，便下诏授左宗棠为钦差大臣，全权节制三军，准备出塞平定新疆之叛。

在海塞防问题上与李鸿章各有坚持的左宗棠，最后终于获得慈禧的支持，准备出兵平新疆之乱

第三章

甲午战败　哀歌响起

（公元一八七六年～一八九五年）

本章大事件

公元一八七六年
- 恶邻就在你身边
  朝鲜被迫签下《江华条约》

公元一八七七年
- 左宗棠收新疆
  阿古柏成回忆

公元一八七九年
- 赴俄谈判欲索伊犁
  崇厚签下离谱条约

公元一八八〇年
- 清廷决意毁约
  崇厚革职下狱
  中俄双方濒临开战

公元一八八一年
- 曾纪泽手段高明
  伊犁城顺利收回

公元一八八五年
- 法军战败内阁倒台
  中法停火签订和约
- "定远"级战舰入列
  战斗力亚洲第一

公元一八八六年
- "定远"级舰为假想敌
  日本筹资造"三景舰"
- 舰队访问日本长崎
  意外酿成流血冲突

公元一八八九年
- 光绪大婚亲政
  太后仍操实权

公元一八九三年

▸ 朝鲜东学党骚动
　当地情势陷紧张

公元一八九四年

▸ 丰岛爆海战
　中日首交锋
　清军受创严重

▸ 中日两大舰队
　黄海交火恶斗

公元一八九五年

▸ 被日军困死威海卫
　北洋舰队全军覆没

▸ 马关条约赔偿天价二亿两
　台湾割让日本

▸ 康有为公车上书
　读书人开始觉醒

▸ 小站组建新陆军
　清廷相中袁世凯

年度热搜榜

【光绪二年】公元一八七六年

恶邻就在你身边　朝鲜被迫签下《江华条约》

去年（一八七五年）江华岛冲突发生之后，日本就以武力为后盾，强迫朝鲜在开放通商和赔偿"云扬号"事件损失中二选一，否则便要再派军舰溯汉江而上，进攻汉城（首尔旧称）。同时，为了避免大清的干预，日本驻华公使森有礼还就此事特别与总理衙门接触，然后把总理衙门回复的"中国之于朝鲜，固不强预其政事"文句，故意曲解成朝鲜为一独立的国家。虽然总理衙门与直隶总督李鸿章为此都不断强调朝鲜是大清国的藩属，但日本并不理会清廷在口头上的坚持，年初时便又派出五艘战舰及八百名兵士，胁迫朝鲜签下《江华条约》，成功地打开了朝鲜的国门。在这份条约当中，为了否定大清与朝鲜之间的藩属关系，还特别载明朝鲜为自主之邦，并与日本互派使臣驻京。通过这一不平等条约，日本拿到了在朝鲜的各项商业贸易优惠、测量朝鲜沿海的权利，以及享有领事裁判权。

> 有句话，叫"远亲不如近邻"，很有道理吧……

> ……

烟台再签条约　大清又失权益

在马嘉理事件发生之后，英国政府便以此当作借口，以动武作为威胁，不断向清廷施加压力。在英国公使威妥玛与清方代表李鸿章多次的谈判之后，双方终于在七月底签下了《烟台条约》。在此条约中，清廷除了答应增开宜昌、芜湖、温州、北海四处的通商口岸以外，还同意免收租界内的洋货税款，连进入内地的洋货也只象征性地征收微薄的子口税，而免纳各项内地税捐。同时也在司法审判权上再做让步，同意大清国境内凡涉及英国人生命财产的案件，英国皆可派员观审。除此之外，还答应英国可以派员由大清国内地或印度进入西藏地区。评论家表示，此举无异于让英国人得以借机窥探并收集大清国的各项情报，并为侵入西藏做好准备。

日使入京协商　绕路另有目的

> 别有目的？！没有啊，绕路只是为了健康呢，你看，我今天已经走了五万多步了……

据可靠消息，日本公使森有礼此次入京与总理衙门会谈的路线，舍弃了以往外使皆由天津登陆这条最便捷的路线，而改从烟台登陆，然后从山东，绕经直隶各州县后才到北京。而且，以往外使如果要见北洋大臣李鸿章的话，都是等到直隶湾解冻之后直接到天津的北洋大臣衙门与其会面。这次森有礼特别选在冬季李鸿章进驻保定时，在完成与总理衙门的交涉后，在完全没有必要的状况下，特别跑到保定去见李鸿章。对于森有礼这些不寻常的动作，已有学者提出警告，认为日本无非想借着出使的名义，对沿途经过的地方进行地理测量，以做好将来以军事侵略大清国的准备。若真是如此的话，那说不定未来对大清国最大的威胁并非那些高鼻鬈发的外国人，而是大清长久以来的邻国日本了。

大军入疆水源难解　千人一队分路会师

陕甘总督左宗棠在镇压了甘肃境内的起义之后，便开始重新部署，准备拿回已被阿古柏所控制的新疆。但是数万人的部队要深入荒原，最先面临的便是补给线的考验。粮草还可以用马驮车载，但因为要行经绵延百里的大漠，水源的取得便成了最大的问题。要是大军齐行的话，沿途已经探得的水源根本不敷使用，所以在深思熟虑之下，左宗棠决定把大军分成南北两路，并以千人为一队，每队隔日进发。在经过千余里的长途跋涉之后，不久前大军已在哈密会师，并准备对阿古柏发动总攻。

史上第一条铁路完工　意外撞死人引发冲突

> 从未见过火车的百姓，因为认为铁路会破坏风水而百般阻挠

大清国历史上第一条铁路"吴淞铁路"在通车一个月以后，便因撞死人而引起地方上的强烈抗议，政府在介入协调之后，也决定于明年停止营运。其实，当十多年前任职江苏巡抚的李鸿章还在上海一带与太平天国作战时，上海的洋商便曾向其提出要求，建议兴建上海至苏州间的铁路，以利于攻打太平军及方便商业运输，但被清廷严词拒绝。此后虽然洋商又多次提出申请，但都没能获得核准。到了同治十一年（一八七二年），多家英商合资机构在上海成立了"吴淞道路公司"，并向道台沈秉成谎称要修筑一条从上海市区通往吴淞的普通道路，然后取得了合法征地及动工的权利。等到今年年初，铁路开始铺轨试车并引来数千人围观时，新任的上海道台冯俊光才发现上当而下令英商暂时停工，以便请旨再议。但经过一个月后，英商便以未闻答复而继续进行剩下的工程并于年中开始营运。不过，这冒着黑压压浓烟的庞然怪物，却让地方士绅觉得会阻碍农作禽畜生长并破坏祖坟风水而强烈反对。再加上通车一个月后，便发生了一位清军士兵和火车抢道而被撞死的意外，使得愤怒的百姓冲进铁路办事处，捣毁了英国人的铁路公司。最后政府只好出面与英国人议定，在一年半之内分三期以白银二十八万五千两将铁路购回，并保证在付清前铁路可以正常营运。预计在明年入冬，政府取回铁路所有权时，便会拆除这些铁轨，还给当地百姓一个安静且祥和的生活环境。

年度热搜榜

【光绪三年】公元一八七七年

杨乃武合奸害人？小白菜谋杀亲夫？
严刑取供成冤案　最后关头大逆转

　　曾经轰动一时的"杨乃武与小白菜"一案，终于在日前翻案成功，不但还给被告清白，还让浙江巡抚杨昌濬以下的审办官员都分别受到革职等处分。这个案子要追溯到同治十一年（一八七二年），当时余杭一家豆腐店的伙计葛品莲娶了毕氏为妻。因为毕氏长相清秀，又喜欢穿绿色衣服外系白色围裙，所以乡里间便把她昵称为"小白菜"。两人婚后向举人（乡试中榜者）杨乃武租屋并比邻而居，原本也相安无事，但日久之后葛品莲在母亲的拨弄下，便开始怀疑杨乃武勾搭上了自己的老婆。不久，葛品莲突然病亡，他的母亲便向官府控告小白菜谋杀亲夫。知县在仵作轻率验尸之后，便听信葛母的片面之词以及街坊不实之语，将小白菜下狱严审。在严刑逼供之下，小白菜无法忍受，只好被迫招认与杨乃武之间早有奸情并合谋杀夫。于是知县便将杨乃武拘提到堂审问，虽然杨乃武矢口否认，但知县仍以被害人乃被人毒死向上呈报。而杭州府便据此对杨乃武施加酷刑以逼取口供，结果杨乃武屈打成招，说自己是从药店买的砒霜来下毒害人。之后本案向上层层审讯，一方面被告认为翻案无望，为免再受皮肉之苦而屈供如前；另一方面则是巡抚、刑部各级的承审官员没有用心办案，

> 王朝、马汉，大刑伺候！

官府严刑逼供的审问方式时常造成冤案

忽略了显而易见的案情破绽而一味地以严刑取供，使得被告一直蒙受不白之冤。直到光绪元年（一八七五年），被给事中（监察官）边宝泉察觉此案有甚多疏漏，才上疏提出异议。由于许多浙江籍的中央官员也为此联名上奏请求重勘，所以清廷便下令刑部展开复查。在移棺北京并重新验尸之后，果然证明葛品莲并非中毒身亡而是自然病死，才让整起事件真相大白。

── 船政学生分赴英法　学习造舰驾驶技能 ──

近年来，看到各国的海军实力，清廷终于体会到海防力量的重要性，不但成立了造船厂、船政学堂，又拨款准备购买新式战舰，还大力提升海事人员的素质。日前，政府便同意让福州船政局的学生出国留学，其中郑清濂等十六人赴法国学习船舰的制造技术，刘步蟾、方伯谦等十二人则是前往英国的海军学校学习驾驶船舰。一般认为，等到这批人员学成归国之后，一定可以大幅提升国内的海防力量。

左宗棠收新疆　阿古柏成回忆

左宗棠的西征大军在哈密集结后，越过天山山脉南下，沿路力歼敌军部队。敌方领袖阿古柏面临清军步步进逼的同时，也因浩罕王国在去年（一八七六年）被沙俄吞并无法得到外援，而陷入进退失据的境地。在金顺、刘锦棠分率的两路先锋军横扫新疆各部之后，大势已去的阿古柏最后也只能选择服毒以结束自己的生命。在阿古柏死后，他的儿子们为了争夺继承权而互相残杀，残余势力又一一被清军所剿灭，终于让已经脱离大清国控制长达十多年之久的新疆地区，重新被清廷收复。

老婆，你终于回来了，那时你还挺着大肚子呢……

嘻，都是我的功劳呢。

是啊，咱儿子都读初二了呢……

脱离大清控制已经十多年的新疆地区，终于在左宗棠的努力之下被成功收复

年度热搜榜

【光绪四年】公元一八七八年

抽鸦片成社会风气　吸毒者占百分之十

自鸦片战争之后，大清不但在经济上饱受侵蚀，造成大量的白银外流，连百姓也因吸食毒品的人数激增，而把全民健康也赔了进去。据外媒估计，在全国四亿多的人口中，吸食鸦片者可能有四千万人之多，几乎每十个国民就有一人吸毒，其中属于中重度成瘾者竟高达一千多万人。虽然政府也对这个问题感到十分头痛，但面对西方各国武力保护下的鸦片产业，短期之内应该还是无法想到解决之道，只能任由情况继续恶化下去了。

在列强的干涉下，大清国吸食鸦片的人数已经突破四千万

左督议请新疆建省　伊犁未复暂缓实施

在新疆收复后，朝廷内部开始考虑是否要在此地建立行省。为此，陕甘总督左宗棠也在清廷的询问之下提出了他的看法。左督认为，自乾隆时期以来，新疆便只设有将军、都统、参赞等军事将领，可以说是治兵之官多而治民之官少。而且征税承催等第一线的作业，更是都委任当地的头领进行。这就使得长久以来官民隔绝，弊端丛生，人民只怕地方头领而不畏官府，但又怨恨官府而不怨头领，造成新疆地区人民的抗争事件层出不穷，差点就酿成无法挽回的大祸。此外，由于新疆的税制与内地不同，是采用人丁计税的方式，造成了富户丁少赋役较轻，而贫户人多负担反重的不公平现象。而这些在管理、税制、司法上种种的不合理现象，都可以在建省之后——纠正，将一切导入正轨。不过，清廷虽然同意左宗棠的看法，但在考虑到伊犁目前尚握于沙俄人之手的情况后，仍然决定暂缓建省之议，等到想办法收复伊犁之后再另作打算。

年度热搜榜

【光绪五年】公元一八七九年

> 在清廷无力追讨而日本无意归还的状况下,被吞灭的琉球将很难再从日本的口中吐出来

> 把小孩还我……

> 呼~好饱,已经来不及了……

日本出兵琉球岛　王国变成冲绳县

几年前才刚刚不顾大清国政府的反对,硬是直接宣布把琉球纳为自己藩属国的日本,果不其然露出了其真实面目。长久以来一直向大清国称臣纳贡的琉球,虽然在名义上为大清的藩国,但实际上清政府从未干涉过其内政。由于琉球国王无力抵抗日本,只得选择臣服于日本。而这个选择,则直接导致了如今日本直接派兵登岛将琉球王国取消,并将其改设为日本国之冲绳县的结果。

而清廷方面在得知此项消息之后,除了急命两江总督兼南洋大臣沈葆桢加紧筹办防务之外,也立即向日本提出严重的抗议。虽然不久后恭亲王奕䜣也利用机会,请刚好来华访问的美国前总统格兰特代为调解琉球问题,但一般认为,在清廷无力追讨而日本无意归还的现况下,琉球从此以后应该很难从日本口中再吐出来了。

赴俄谈判欲索伊犁　崇厚签下离谱条约

> 大人，刚刚收到高层指示说不能签。

> 耶！

> 什么！我已经签了……

在清廷来不及阻止的情况下，一心想要赶快完事回家的崇厚已和沙俄签下了一纸离谱的条约

在扫除了新疆境内的反抗团体之后，清廷终于可以集中精神，尽全力与沙俄进行接触，以设法取回被强占多年的伊犁。为此，高层特地任命崇厚为全权大使，到圣彼得堡就交还伊犁一事进行谈判。不过，在会商的过程中，崇厚对沙俄人所提的要求根本毫无拒绝的能力，在并非战败的情况下，竟然答应将伊犁以西及以南的大片土地让予沙俄以换回伊犁。不但如此，崇厚还额外附赠让沙俄人在伊犁所置的产业仍然可以照旧营运。这个条件乍听之下很合理，但其实因为在之前沙俄侵占伊犁的这段时间，大部分的产业、店铺、房舍都已被沙俄人强占，连城内也都住满了沙俄人，所以这条规定简直就是让这些非法取得产业的强盗就地合法化，让伊犁只是在名义上重归大清国，实际上仍操控在沙俄人手中。虽然清廷在得知协议的内容之后，已紧急下令要求崇厚千万不可以应允这种荒唐的协议。但一心想要赶快完事回家的崇厚，却在还没收到清廷命令前，便已经在这份条约上画押签字了。他不仅答应了上述条款，还同意俄方许多通商贸易的要求，并允诺再赔偿五百万卢布（约二百八十万两白银）的费用。清廷在得知崇厚和对方签订条约之后，已经召开紧急会议研讨应对之道。

向英采购军舰　竟为过时舰种

> 喂，赶快给我做两艘出来，李大人急着要呢，这客户很好，顺便送他一支桨好了……

在赫德的牵线之下，大清国竟然买到已经过时的舰种

为了筹建新式的海防武力，清廷日前通过海关总税务司赫德向英国购买了"超勇号""扬威号"两艘快船。不过，据记者所得到的最新资料，自从一八五九年出现新式的铁甲战舰之后，像"超勇号""扬威号"这种等级的军舰，不论是在速度、攻击力还是在防御力上，性能都早已落后，根本是属于应该要被汰换的过时舰种。如今清廷竟然又花钱买进此型军舰，其实对海防力量的提升不大。评论家认为，在清廷没有自己培养有相关专业素养的人员之前，这种被外国人牵着鼻子走的荒唐交易是必然的结果。因为在英国政府看来，一旦让大清国拥有了先进的铁甲舰，那就再也没有办法随意以武力予取予求了。所以英国政府才会让赫德不断向直隶总督兼北洋大臣李鸿章等人游说，建议此等级军舰足以守护海口并抵御铁甲舰。但是除了英国人的奸谋以外，大清高层自己也极有问题。听说慈禧因为想要维修两宫太后的陵寝，所以挪用了原本要让南北洋大臣购买铁甲舰的关税税款。而在经费不够的状况之下，总理衙门根本也别无选择，只能以比较便宜的"超勇"级炮舰，作为新型舰艇的替代品了。

年度热搜榜

【光绪六年】公元一八八〇年

清廷决意毁约 崇厚革职下狱
中俄双方濒临开战

对于崇厚去年（一八七九年）与沙俄签下《里瓦几亚条约》一事，清廷在几经讨论之后，经慈禧太后的最后裁示，决定将崇厚处以斩监候（死刑，但暂时收押在狱等候执行），然后命驻英法公使曾纪泽（曾国藩次子）兼任驻俄公使，立即启程赴俄进行改约事宜。同时，为免俄方以此为由发兵挑衅，也急令各地方加强防御，并批准左宗棠三路出兵以武力收复伊犁的计划。而沙俄方面，据闻则是已经在边境分别聚集了数万名军人及数量可观的大炮，并积极调动在日本海附近的舰队，打算以武力威胁大清国接受条约。目前两国之间的关系可说是十分紧张，大有爆发战争的态势。

> 咔嚓！
> 来谈谈吧……
> 要小心后面那一个。

清廷一方面派曾纪泽前去谈判，另一方面要左宗棠做好随时出兵以武力夺回伊犁的准备

传教士马偕在台设立医院

加拿大籍的长老教会传教士马偕于十年前被派到台湾之后，便开始一面帮人拔牙一面宣传福音。已经能够讲得一口闽南话的马偕，目前更在友人的资助之下，于沪尾创建了一所新式的西医医院。这所"偕医馆"的设置，不但可以让台湾北部地区的民众有更好的医疗照顾，对其传教工作应该也有很大的帮助。

英国人出兵相助 李鸿章将发动武装政变？

根据传闻，直隶总督兼北洋大臣李鸿章在与前任外籍佣兵部队"常胜军"指挥官，也就是刚从英国苏丹总督（英国在苏丹地区殖民地的行政长官）卸任的戈登会面时，英国公使威妥玛就曾经表示英国高层有意要戈登以武力相助，让李鸿章率领他的淮军进占北京城并自立为帝。虽然此项建议已被李鸿章严词拒绝，但从英国人多次表达可以来大清国训练海陆军，以及怂恿李鸿章发动军事政变的手段看来，英国似乎正企图以各种可行的方法，来达到控制大清国军队以及政府的目的。不过，李鸿章本人及英国领事馆，都已经对以上的传闻提出严正驳斥，表示一切都只是空穴来风。

不要乱讲。

电报自来水登陆 大清国现代化启航

在电报发明了四十多年以后，直隶总督兼北洋大臣李鸿章终于在去年（一八七九年）于天津至大沽、北塘炮台之间架设了电报线路。由于意识到这种现代化通信方式的重要，今年清廷也在其奏请之下，核准设立天津电报总局，并预备创立天津电报学堂，购备各项机器及聘请外国技师，积极培训本土的电报人员。而除了天津电报总局的设置之外，清廷的计划中也将于各地开设分局，同时打算于明年年初开始架设天津至上海，以及上海至福州、广州的电报线路，全线预计于明年十月完工。另外，除了电报之外，自来水这种先进的事物，也于不久前被洋人引进上海租界之内，还特别为此创设了自来水公司。不过因为大部分的大清国居民还都认为自来水有毒，所以很少有人敢真的使用。因此，自来水公司还得特别派专人前往各个茶馆去宣传，推广这种新型的便利用水方式。

Hi~

这亚洲小姐长得不错！

她是自来水公司的促销小姐啦……

年度热搜榜

【光绪七年】公元一八八一年

天津水师学堂成立

由于之前左宗棠在同治年间（一八六六年）担任闽浙总督时，所筹设的船政学堂已经培育出不少人才，令海防实力提升不少，所以直隶总督李鸿章也打算在天津设立专门学校，以便为即将成立的北洋舰队预做准备。据了解，天津水师学堂也与船政学校一样，模仿英国海军学校的课程设计，并聘请英国军官为教练，招收十四岁至十七岁的青年入学。学生分为驾驶及管轮两科，在四年的课程中，学习中文、英文、地理、数学、测量、化学、格致（科学）等科目，最后再到船上实习一年。毕业之后则分往北洋海军舰队任职，或者出国留学。

曾纪泽手段高明 伊犁城顺利收回

为了收拾崇厚之前留下的烂摊子，曾纪泽受命赴俄交涉，力图收回伊犁并推翻之前所签订的条约。过程中虽然俄方坚持一定要大清国批准条约，并不惜以武力作为威胁，但曾纪泽却也祭出了若俄不交还伊犁，则要封喀什噶尔为自主国，并与英国立约保护的手段。同时又以大清国地大，可用持久战与沙俄相抗为由，将战争的威胁给顶了回去。沙俄人一方面怕英国人的势力介入此地；另一方面也因为自己刚与土耳其打完一仗而元气大伤，已无足够军备并急需赔款补贴财政漏洞，所以便在去年（一八八〇年）年底与曾纪泽达成协议，除了伊犁以西的地区让予沙俄之外，伊犁城及以南的地区则交还大清国，赔款金额则由五百万卢布增加到九百万卢布（约五百万两白银）。双方于今年年初签约之后，沙俄的太平洋舰队已于五月解散，并计划于两年后大清国付完所有赔款之后，便完全撤出。虽然这次的条约清廷仍做出部分让步，但曾纪泽凭借着高明的外交及谈判手段，让大清的损失远远低于所有人的预期，也为他自己赢得了国际媒体一致的称誉。只不过，自一八五八年签订《瑷珲条约》到现在，大清国在谈判桌上已经被连哄带骗地将一百六十万平方公里的土地送给了沙俄。而这些北疆国防要地，加起来竟然有四个日本，或是说三个法国那么大。要是曾纪泽能早一点出生，而不是尽让奕山、崇厚等蠢材去交涉的话，或许损失就不会那么严重了。

年度热搜榜

【光绪八年】公元一八八二年

法国大军重踩越南　清廷软弱单方退兵

好可怕啊。

奕䜣和李鸿章力主避战，助长了法军的气焰

之前法军试探性的侵越行动被刘永福的黑旗军阻断之后，法国政府果然开始加码，在去年（一八八一年）由国会通过二百四十九万法郎的军费拨款，并于今年四月出动大军攻陷了河内，准备将越南侵吞为殖民地。清廷闻讯之后，虽然一方面派曾纪泽向法国外交部提出抗议；另一方面立即调动军队入越声援，但因清廷并不愿意主动挑衅，所以清军入越后只是在边境不远处布防，而没有采取进一步的行动。尽管熟悉外交事务的曾纪泽对此提出了不少具体建议，但由于主事的恭亲王奕䜣、直隶总督李鸿章等人力主避战，竟然向法方表示大清国仅要保全面子即可，最后更相信了法国没有侵占越南土地的鬼话，而在天津与法使宝海达成协议，同意大清国单方面撤离驻北圻部队，而法国则"保证"不侵占越南的领土。如此丰硕的谈判成果，可说是大大地出乎法国政府的意料。对此，国际局势专家则表示，这种未战败即单方面撤军的事，是在西方国际关系史中从未发生过的。因为这种谈判结果，绝不可能发展成大清国所预期的永久和平，而只会诱使另一方加速侵略的脚步。

情势错综复杂　列强各怀鬼胎

随着大清国一步一步地被迫开放，染指大清国的列强在对华政策上也是各怀鬼胎，暗自牟取自己国家的最大利益。在沙俄方面，对大清国的态度从一开始便是试图以各种取巧的方法，在谈判桌上尽可能地扩大领土；日本则是想利用中俄双方关系紧张的机会，以联合沙俄作为威胁，要求大清在琉球归属、关税，以及领事裁判权等问题上做出让步；而法国所打的如意算盘，却是不希望俄军投入亚洲战场，以便沙俄能够继续在欧洲牵制德国及奥匈帝国，来减轻自己所受的威胁；德国方面的立场则与法国相反，其通过把大清国的海军兵力报告交给沙俄等手段，不断鼓动沙俄对清作战，以便从战争的准备及进行中获取更多的军事武器订单，同时也让沙俄将军事力量消耗在亚洲战场，以维持欧洲更为稳定的局势；而英国方面则是为了避免沙俄势力在远东坐大，影响自己在亚洲的控制力及贸易利益，而致力于阻止中俄之间战争的发生。

年度热搜榜

【光绪九年】公元一八八三年

黑旗军再显神威　越政府与法签约

法国在大清单方面从越南撤军之后，看到了占有越南全境的大好机会，于是在茹费理内阁上台之后，便撤去宝海驻华公使之职务，同时毁弃之前与大清国所达成的协议，再次调集军队向越南发动军事攻击。没了清军的搅局，法军在李维业的指挥之下，十分轻松地便攻破了南定的越南部队。于是曾经击败法国人的刘永福黑旗军，便成了越南政府最后的希望，而四月中在纸桥的这一场战役，也成为最关键的一战。早已摆开阵势，准备一举歼灭黑旗军的法国部队，一开始便在炮火的掩护之下，兵分两路冲破纸桥防线，并把黑旗军打得节节败退。但其实这一切都是刘永福事先就安排好的，为的是诱敌深入再加以伏击。过于自信轻敌的李维业，就这样掉进了陷阱之中，在激战三个小时之后惨遭击毙。失去了指挥官的法国部队，也只能狼狈溃逃。不过，法国人已经燃起的侵略野心，可不是这么容易被消灭的。当法国政府闻知战事失利时，便立即再拨五百五十万法郎，并增派四千名兵员赴越增援，于八月中再度对黑旗军发动猛烈的攻击。虽然此役法军又是以大败收场，但另一支部队却成功地拿下了顺化，还逼迫越南政府签订条约，从此开始接受法国的保护。

外人无恶不作　各地爆发冲突

外国人自从大量涌入大清国境内，并享有领事裁判权的保护伞之后，便不断出现失序的恶行。其中不但兵士、商人横行无理，甚至连部分传教士都干起了为非作歹的勾当。三月底，云南地区便传出一名叫张若望的传教士，因强奸妇女、无恶不作而被当地白族百姓持锄头打死的事件。七月，广州地区又有一英国人罗根，在枪杀大清国儿童之后逃入了英国领事馆躲藏。不久之后，一艘英船上的葡萄牙籍水手狄亚士，又无故踢伤大清国搬运工人，并将其推落水中淹死。愤怒的在场群众要求英国船长交出凶手，但该船长予以拒绝并立即将船驶离。消息传出之后，已经隐忍多时的广州市民终于爆发，群情激愤地冲入租界地游行示威，还烧毁十多间洋人房屋。不过一般认为，在民众激愤过后，这些外国人嚣张的态度应该也不会有太大的改变，反倒是大清政府又得出面赔款道歉了。

英国人故伎重演推荐旧款　德国赢得新式军舰订单

　　由于各国海军舰队的威胁日甚，连日本也于几年前（一八七八年）购买了"扶桑号"铁甲舰，让清廷终于意识到先前所购买的"超勇号""扬威号"等快船，已经无法应付现今海战之需求。所以便分别于光绪六年（一八八〇年）、光绪七年（一八八一年）向德国下单订造了"定远号""镇远号"两艘巨型铁甲战舰。而由于"超勇"级的快船防御力过于薄弱，无法担负起护卫主力战舰的任务，所以清廷也决定再砸重金，另行购买较新式的快船来补足空缺。此项军购消息刚传出，海关总税务司赫德便又主动找直隶总督（地方行政长官）兼北洋大臣李鸿章接触，打算故伎重演骗清廷采购过时的舰种。只是有了上次的教训之后，李鸿章倒是学乖了，便先将赫德所送来的船样寄送给大清国的驻德公使，然后向欧洲国家的海军部征询意见。在"一遇风浪炮火便难以取准，偶受小炮则船洞穿"的评估报告出炉之后，清廷便拒绝了赫德的提案，并于日前改向德国下单订造较新式的快船。

与洋商争夺市场失利　胡雪岩金融集团垮台

胡雪岩经营的阜康钱庄遭到挤兑，导致整个集团破产

在国内极具规模，各省共设有二十多家分号的"阜康钱庄"，日前遭到挤兑并造成多家分号的关闭。预计这一波金融风暴，将导致胡光墉（胡雪岩）集团的破产，同时也将重创国内经济。财经专家指出，拥有"从二品"官衔的红顶商人（从二品官衔顶戴为珊瑚，俗称红顶子）胡雪岩，在介入一向由英资怡和洋行垄断的生丝市场后，决心占领生丝源头，以击破洋行对生丝的定价霸权。去年（一八八二年），胡雪岩判断生丝市场将会因收成减少而产生供不应求的现象，于是便抓准时机，动员了自己庞大的金融帝国的资金，将上千万两白银投入这场与洋行的世纪对决之中。他先一步在生丝产地大量下订收购，完全控制了货源，使得怡和洋行完全失去了切入的机会。虽然怡和洋行赶紧通过海关总税务司赫德出面斡旋，并表示愿意让出巨额利润，但在胡雪岩的坚持之下，仍无法买到一斤一两的生丝。但胡雪岩没有想到的是，此时欧洲的生丝竟然意外地大丰收，以至于洋商纷纷转向欧洲采购而放弃了在上海市场的交易，结果反而让上海生丝市场的价格暴跌。今年，胡雪岩又想继续锁住货源迫使洋行屈服，但是好几家丝商已因为财务危机而先后倒闭，其余的也不愿再跟他配合。上海交易市场的停摆，使得买卖双方的战争进入以资金实力一较高下的阶段，只不过怡和洋行的背后有实力强大的英国霸菱银行撑腰，使得胡雪岩的处境渐落下风。而人在倒霉的时候总是祸不单行，此时苏松太道邵友濂又故意拖延胡雪岩的饷款，导致胡雪岩必须挪用自己钱庄的现银来偿还他代军方向汇丰银行借的那五十万两银子。结果消息一经传出，街市上人人都说胡雪岩是因为囤积生丝大赔血本，而挪用阜康钱庄中各存户的存款来垫付。存户们因为怕自己的钱就这样蒸发了，所以便开始疯狂地挤兑，终于导致胡雪岩的金融帝国垮台。

金融风暴背后推手 李左两派政治恶斗

资深评论家指出,这次掀起金融风暴的原因,不只是胡雪岩集团与英资怡和洋行之间的商业竞争,或是本土银庄票号与外商金融银行之间的较劲,其实也包含了左宗棠与李鸿章两大势力之间的政治恶斗。大家都知道,胡雪岩的后台便是两江总督左宗棠,在之前左宗棠率军平定新疆期间,就是靠着胡雪岩运用自己的金融网络及信用,向外资银行大举借债来支撑着整个军事行动。而一向主张海防优先的李鸿章,与坚持塞防不可废的左宗棠,则是在立场上完全对立。因为如果朝廷决定海防优先的话,则巨额资金将流向北洋派;但如果朝廷确定塞防的话,左宗棠一派的实力又会大增。之前左宗棠已经因为收复新疆而在声势上压倒了李鸿章,如今左宗棠又力主对法作战,使得李鸿章生怕大笔资金会再度流入左派手中,进而影响自己的可用经费及政治地位,于是便决定发动一连串的倒左行动。而想要制住左宗棠,便得先废掉他的钱袋子胡雪岩。于是北洋派的大臣盛宣怀便联合在上海汇丰银行极具影响力,并具有贷款签字权的买办席正甫,来进行下一步的计划。其实,自几年前开始,每逢大清国的茶叶或生丝上市时,汇丰银行便会"碰巧"紧缩银根,使得贸易商们因无法取得足够的资金而被迫将商品贱价求售,让汇丰银行背后的洋行股东,可以用低价收购而获取暴利。而这次胡雪岩爆发生丝危机时,汇丰银行也是来这么一手,以紧缩银根的手段迫使大批丝商倒闭、生丝价格下跌,进而导致胡雪岩八百万两白银的巨额亏损。随后亲北洋派的苏松太道邵友濂,又在高层授意之下,故意拖延应付给汇丰银行的五十万两款项,逼得以自身信用帮军方做担保的胡雪岩,不得不以阜康钱庄的家底偿还,进而引发了挤兑,造成整个胡雪岩金融集团的崩溃。

胡雪岩的垮台根本就是李鸿章集团用来对付左宗棠的手段

你倒了,谁帮我找钱啊……

全完了……

年度热搜榜

【光绪十年】公元一八八四年

清军越南失利　奕訢黯然下台

　　由于在与法国之间的越南问题上面，直隶总督李鸿章等人强力主张以和平的方式来解决，以至于未能在第一时间就采取反制行动，使得法军有时间可以不断地派部队增援越南战场。因此逐渐取得优势的法军，便在去年（一八八三年）年底反转战场形势，以猛烈的炮火击破曾让他们尝过多次苦头的黑旗军，造成刘永福部队千余人的死伤。到了今年二月，总兵力已经增加到一万六千人的法国部队，更是大举进攻北宁、占领兴化，逼得黑旗军与前来协防的清军只能不断后撤。而清军于越南的挫败，也连带地在北京政治圈中起了效应，掌管总理衙门的恭亲王奕訢更因此被慈禧太后革去所有职务，所有军机处和总理衙门的旧班底也都被换掉。在权力重整之后，整个国家机器已经牢牢地掌握在慈禧及其亲信醇亲王奕譞的手中。

昔日战友　今日仇敌　慈禧与奕訢关系生变

　　对于日前在北京掀起的政治风暴，评论家认为，恭亲王奕訢这次的下台，清军在越南的挫败当然是导火线，但背后的真正原因却有可能是慈禧太后已经开始对奕訢产生了不信任感。因为随着光绪皇帝载湉亲政的日子越来越近，慈禧也不得不开始担心大权旁落的问题。由于载湉生性软弱，所以她倒不担心皇帝会唱反调，她所怕的是对政府运作极有经验，在洋人圈中又有些关系的奕訢要是在皇帝亲政之后倒向光绪那边的话，那她这个太后可就没戏唱了。所以她才会借此机会，先将奕訢及其势力给拔除掉，换成醇亲王奕譞及礼亲王世铎、孙毓汶等庸才进入军机处，以便自己能继续从中控制。回想当初慈禧太后是在奕訢的大力支持下，才成功地发动政变，铲除了肃顺等顾命大臣，把政权掌握在手中。但随着物换星移，原本的搭档，现在也在残酷的现实之下，成为必须互相提防甚至要消灭的敌手。这种政治圈中的分合关系，耐人寻味。

> 总觉得有哪句成语很适合我现在的状况……

越南战火延烧…… 清廷不断退让　法方一再进逼

在曾纪泽被免去驻法公使的兼职之后，直隶总督李鸿章便与法国公使在天津签下和约，表示只要法国不在与越南所订的条约中插入有碍大清国体面的字样，那大清国便不再过问法越之间所签订的条约，并立即撤回越南境内的大清国军队，还同意由法国保护越南边境的安全。虽然清廷已经做出如此大的让步，但似乎仍无法满足法国那贪婪的胃口。因为就在中法双方签约之后没几天，法方便以清军没有依条约中"即行"撤军为借口，又把部队推进到观音桥附近向清军施压。

而在清军派联络官至法营交涉之时，法军却又无故加以射杀并向清军发动了突击。只不过这次清军的表现却出乎意料英勇，在几经交锋之后便将法军击退。这时，在战事上没有讨到便宜的法国政府便要无赖，将事情捏造成是清军先埋伏开枪而引发的冲突，更想以此向大清国索取赔款。据记者所得到的情报，法国政府为了制造更大的压力来顺利取得赔款，似乎已打算对马尾的大清国舰队发起攻击，以消灭大清水军武力，同时并派舰队强占基隆。

法军舰入袭基隆　刘铭传诱敌反击

六月中旬，五艘法国军舰突然出现在基隆外海，并向当地守军发出警告，表示如果不交出炮台及阵地的话，便要以武力强行夺取。面对这样无理的要求，在台湾督防军务的福建巡抚刘铭传当然是严词拒绝，并下令备战。在法舰开炮攻击之后，清军也发炮还击，但毕竟装备等级有差，在几个小时之后，岸上的炮台便已经全部被击毁。于是刘铭传便改变战略，令各军退守山后以引诱敌人登岸进行陆战。第二天，四百余名法国陆军带着四门大炮登岸，刘铭传一面令部队正面迎敌，一面另遣一支部队抄敌后路。法军因为过于轻敌，没有料到清军会设下埋伏而大吃一惊，就在法人慌忙后退的同时，清军各营则是趁势猛攻，法军在死伤百余人之后，只好争相逃回军舰之上。此役虽然由守军吹响了嘹亮的胜利号角，但船坚炮利的法军恐怕不会就此罢手，刘铭传同样的战术也不可能再次使用，未来台湾的战局仍是充满了变数。但法军在经历此次失败后，已转头去对付停泊于马尾的福建水师，在激烈交战后，福建水师遭到重创。

刘铭传诱法军登陆后，成功地从后路发动突袭

嘘……再等一下。

年度热搜榜

【光绪十一年】公元一八八五年

天津武备学堂成立　聘请德国陆军教练

在南北洋两处的水师学堂都已经开始培育海军人才之后，清廷也在直隶总督李鸿章的奏请之下，同意于天津设置武备学堂，以训练现代化的陆军为目标。不同于水师学堂采用英国学制，武备学堂所模仿的对象，则是素以训练严谨著名的德国陆军。初期预计从各部队中挑选出有潜力的一百余名兵士入学，并聘请德国军官为教练，以一年的时间，学习天文、舆地、格致（科学）、测绘、数学、化学等学科，还要操练炮台、营垒、马队、步兵、炮兵及行军攻守等项目。未来还会再视情况逐步增加招生名额及修业年限，以期将国内陆军的实力提升到与国际相同的水平。

法军战败内阁倒台　中法停火签订和约

法军在东亚的作战真是连连失利，不但攻台行动受阻，转攻镇海时也同样被守军发炮击退，甚至连指挥官孤拔也因此而身受重伤。一连串的挫败，加上法国国内又正好面临大选的压力，逼得法国政府只好开始与大清政府进行停战协商。只不过协议还没谈定，便又传回法军先后在镇南关及谅山大败，死伤高达一千余人的残酷消息。而这样无情的打击，当然让力主发动侵华战争的茹费理内阁失去了选民的支持而宣告倒台。不过出人意料的是，这次战胜的大清国，并没有像洋人那样，向战败的法国索讨军费赔偿。据主政的醇亲王奕譞表示，由于在战胜法国之前清廷就已经批准了两国进行议和，为了信守承诺，所以才未以战胜国的身份索赔，而是仍照之前双方达成的协议停战。之后直隶总督李鸿章也于天津与法国驻华公使正式签约，除了承认法国与越南之间所签的条约，还在云南、广西各开一通商处所，并另行订立通商章程。而法国方面所要做的，则是从台湾外海及已经攻占的澎湖岛上，将部队全部撤回。

真的不用赔钱？实在太好了……

嗯……

中日朝鲜问题敲定　埋下日军入朝伏笔

日本自从去年（一八八四年）发动甲申政变失败，在朝鲜政治圈的控制力被铲除之后，便企图另从外交渠道，在谈判桌上重新染指朝鲜。而这个看似困难重重的任务，竟然在伊藤博文及西乡从道与大清的直隶总督李鸿章谈判之后，轻松地完成了。依这份三月初才签下的协定，中日双方必须先共同从朝鲜撤出军队，等以后朝鲜有事必须两国出手助援时，在发兵之前中日两国也必须互相照会。只不过评论家表示，由于甲申事件根本就是由日方所挑起，所以理应要日本为此进行道歉，但是中方却未提出任何此方面的要求。不但如此，共同撤兵并同意以后出兵互相照会一条，也等于完全承认了日本在未来派兵进入朝鲜的合法性。

海军事务衙门成立　慈禧暗藏经费修园

在马尾舰队被法国海军秒杀之后，清廷终于认识到应该有一个专责机构，来统筹海军的发展，以便能在最短时间内追上列强的水平。所以在今年九月，清廷便宣布设置"总理海军事务衙门"，以醇亲王奕譞总理海军事务，并由直隶总督李鸿章会同办理。海军衙门的设立固然是一项历史性的突破，代表着一向只知道陆军的大清国，已经正式发展出海陆两个兵种。但是，有评论家认为这内情并不单纯。早已多次嚷着说要重修圆明园

为什么会有假山和喷水池的支出？

你可以自己去问太后啊。

海军事务衙门 经费预算

慈禧以发展海军为名，把修建工程的费用包裹于其中

的慈禧太后，因为所需工程费用过大而屡遭群臣劝阻，最后只好勉为其难降低规格，决定改修颐和园以当作她的休憩住宿之所。但这笔费用对国家的财政支出来说，仍旧是一笔过于沉重的负担。于是慈禧便想了个妙招，先同意李鸿章等人的建议设立了海军衙门，然后再以发展海军为名，把改修颐和园的工程款包裹于海军衙门经费之中。而一向重视海防的李鸿章，为了巩固自己的权位，也等同于默许了这样的做法。听说，慈禧甚至还打算下令停购"致远号""靖远号""经远号""来远号"四艘快舰，以便有更充裕的经费可以挪来修建园林。所幸驻英公使曾纪泽已经早一步和英、德签订了造舰合约而无法取消，否则就连这四艘快舰也要换成园林中的山水池石了。

北洋水师的两艘主力军舰实力在亚洲可称得上第一

大清国建立第廿行省 刘铭传转任台湾巡抚

在法军攻台事件告一段落之后，清廷似乎也明白了台湾在战略地位上的重要性。所以在九月初，清廷终于决定将台湾从福建的管辖之下分离出来，使其成为大清国继新疆之后的第二十个行省，并以原任福建巡抚刘铭传为首任台湾巡抚，而福建巡抚一职则不再另行派任，改由闽浙总督直接兼任。刘铭传受访时表示，未来除了将积极清理田赋、增加财政收入之外，还要将洋务的推行及建设置于首要工作。不论是购买轮船军舰、架设电报线、修建铁路、增设炮台，还是设立西式学堂、邮电总局等，都会成为施政的重点，一定会将台湾建设成全国最先进的省份之一。

"定远"级战舰入列 战斗力亚洲第一

之前向德国伏尔铿造船厂采购的"定远号""镇远号""济远号"三艘新型军舰，已于日前驶抵大沽口。其中"定远号""镇远号"二舰为长九十四点五米、最宽处十八米、排水量七千二百二十吨、马力六千二百匹、航速每小时可达十四点五海里的主力战舰，是目前远东地区吨位最大的铁甲巡洋舰。两舰于左右舷各配备一座双联装炮塔，共计三百零五毫米后膛炮四门，以及艏、艉各一门的一百五十毫米后膛副炮。另外，还有七十五毫米炮四门、三十七毫米机关炮八门、五十七毫米与四十七毫米速射炮各两门，外加三具鱼雷发射管，火力相当惊人。尤其是三百零五毫米的主炮，若再配合开花炮弹（高爆弹）使用的话，杀伤力更是惊人，可说是当今亚洲第一巨舰。

年度热搜榜

【光绪十二年】公元一八八六年

英国殖民缅甸 大清提出抗议

去年（一八八五年）英国以缅甸政府无端对英商罚款为借口，在缅甸军队完全没有准备的情况之下，闪电攻占王宫并俘虏了国王。一开始英军告知大清只是要推翻缅甸原有的政权，会再帮他们立一位新国王，并仍旧保持缅甸与大清之间的藩属朝贡关系。但后来英国又改变立场，直接宣布缅甸为英国的领地，并将派出殖民地总督来加以管理。对于英国这种吞没缅甸的无理行为，虽然清廷已经于日前提出了严正抗议，但一般认为并不会有任何结果，缅甸被吞没已经成为无法改变的事实。

四川重庆再传教案 酿成冲突多人死伤

由于洋人于重庆城外强行修建教堂，引起了当地居民的强烈反对，在向地方官府控告无效之后，民众只好愤而罢市并群起抗议。结果数千失控的民众不但焚毁了城内外所有的教堂及洋房，还在冲突过程中意外杀伤三十多个人，并捣毁了英国领事馆。事后英美法等国为此提出强烈抗议，并以武力威胁清廷一定要究办此事。最后在四川总督的查办之下，带头抗议的群众领袖以及行凶者全部被处死，同时还要再付给英美法等国二十三万五千两白银的赔偿金。

"定远"级舰为假想敌 日本筹资造"三景舰"

在大清国的"定远号""镇远号"两艘亚洲第一的主力铁甲舰开始服役之后，一直以大清国海军为假想敌的日本，也因此开始紧张了起来。由于目前日本海军的主力铁甲舰"扶桑号"，排水量仅为"定远"级战舰的一半，配备的四门二百四十毫米主炮亦无法贯穿定远舰的装甲，使得日本政府在财政空虚的状况之下，也不得不提出新的造舰计划，来与大清国海军进行这项停不了的军备竞赛。据最新消息，日本政府已经核准发行金额高达一千七百万元的海军公债，准备用来建造专门对付"定远号""镇远号"的"三景舰"（"松岛号""严岛号""桥立号"三艘以日本三景为名的战舰），以及其他五十多艘军舰。等到这批舰队成形之后，在亚洲海域将形成大清与日本两强相争的局面。

> 我也要有铁甲舰……

舰队访问日本长崎　意外酿成流血冲突

在定远级主力舰归国之后，直隶总督李鸿章为了加强水师的操演并达到宣扬国威的效果，便让由陆军提督转任北洋海军提督的丁汝昌率领舰队，前往朝鲜元山一带巡弋操演，之后又应邀前往沙俄的符拉迪沃斯托克（海参崴）访问。在整个行程结束之后，因为"定远号""镇远号""威远号""济远号"等铁甲舰在长途航行之后需要回港涂油保养，但大清自己的旅顺军港尚未完工，所以便转往日本三菱造船所进行保养，顺便对日本长崎做亲善访问。但是此时出现了意外，一些违纪前往妓院寻欢的大清水兵，因为酗酒闹事而与当地警方发生冲突，其中一些情绪失控的水兵更是失手将一名日本警察给砍杀成伤。在肇事者被逮捕之后，为数众多的水兵更是群情激愤地前往警署要求放人，听说连舰上的巨炮此时也调转炮口，对准了长崎市区，非要日方妥协不可。日本警方惧于巨舰的强大火力，为免擦枪走火，只好放人了事。只是这起事件并未到此结束，两天后四百多名水兵趁着放假上岸观光时，却又引发了更严重的流血冲突。原来在之前的纠纷发生后，日本当地的民众便认为大清国水兵无理闹事，所以心中早已累积了许多愤恨之气。而大清水兵仗着有战舰大炮作为依靠，态度也十分嚣张，于是小小的摩擦很快就演变成流血械斗。手持利刃的数百个日本警察闻讯赶到，在封锁了街道之后，开始对大清国水兵进行报复式的攻击，一肚子怨气的民众也都抄出了家伙，看到大清国人便发狠猛砍。甚至连居家的主妇和老人，也都以从楼上泼洒开水或丢掷石块的方式，来表达心中的愤怒。由于水师休假时长官早已宣布不得携械上岸，所以此时水兵只好拿刚刚在古董店买到的日本刀，以及在街边随手抓到的木棒或告示牌来防御。狼狈地逃到岸边之后，日本船夫又拒绝协助摆渡登舰，造成十分惨重的伤亡。目前冲突已经暂告平息，而双方政府正就此事的责任归属及善后赔偿问题进行谈判。

上岸的大清水兵酗酒闹事，最终引发中日双方严重的流血冲突

年度热搜榜

【光绪十三年】公元一八八七年

长崎事件互赔结案　日本仇华意识高涨

> 怎么了？

> 每次哥哥都要我当"定远号"，我不要啦……

> 你那么弱，本来就要当"定远号"舰啊……

在长崎事件后，日本仇华情绪高涨，连小朋友都玩起围攻"定远号"的游戏

　　针对去年的长崎事件，中日双方终于达成了共识，对死伤人员互相给予抚恤，由日方赔偿大清国五万二千五百元，清方赔偿日本一万五千五百元，至于长崎医院的医疗救护费用二千七百元，则由日本全额支付。此事件虽然在大清的坚持之下，没有像面对西方列强那样以龟缩赔偿了事，而是取得了较公平甚至赔偿金额在结算之后还有所得的结果。但是对日本国民而言，大清国水兵到他们的土地上喝酒闹事，最后还要政府出面赔款的这种耻辱，已造成排华情绪高涨。被船坚炮利的西洋人欺负也就算了，但大清与日本之间，谁也不肯在亚洲邻国的竞争之中被比了下去。据说，现在日本孩童最流行的游戏，就是分成两组，强的一边当日本舰队，弱的一边则当大清国舰队。游戏的主轴当然就是在追逐中设法围攻大清国的"定远号""镇远号"两艘主力舰，而完美的结局则是日本舰队大获全胜，并把大清国舰队全都给轰到海底去了。或许当初直隶总督李鸿章把这几艘巨舰送到长崎维修保养，本来是有意要以坚强的海军实力来威慑日本，但最后竟演变成流血冲突，造成日本强烈的仇华意识，恐怕也是始料未及之事吧。

亲政大典沦为形式
皇帝掌权仍需再等

元月十五日，今年已经十八岁的光绪皇帝载湉虽然举行了亲政大典，但实际上却仍然只是个傀儡皇帝，一切权力还是操控在慈禧太后的手中。但其实早在去年（一八八六年）六月，慈禧太后才刚颁布下准备让载湉亲政的命令没几天，醇亲王奕譞为了讨好慈禧，便已经上折奏请太后再继续主持裁决数年。而慈禧也只好因而

即使光绪已经亲政，但慈禧还是以各种借口紧握大权不放

"勉强"地答应这项请求，并宣布于皇帝亲政后再继续训政数年，一直到皇帝大婚为止。但某位熟悉内情者表示，慈禧太后恐怕到时候也不会就这样乖乖地把权力交出来，如果不是尽可能地拖延皇帝大婚之事，以延长自己的政治寿命，就是会硬塞一个自己人给载湉当皇后，以便就近监视及控制光绪的行动。如果想要这位垂帘已久的太后交出政权，恐怕还是得等她死后归天才行吧。

近代化建设脚步加快　广东台湾再踩油门

政府近年来近代化的脚步已经越来越快，除了直隶总督李鸿章所大力推展的海军事务以外，两广总督张之洞也在原来的实学堂基础之上扩大招生，参考天津水师学堂以及福州船政学堂，成立了广东水陆师学堂。除了本来的西文、算数以外，又加开驾驶、管轮等课程，并以讲求武备之实用为主。另外，广州的枪弹制造厂，以及电报学堂也都紧接着陆续开办。台湾方面，在首任巡抚刘铭传的策划之下，推行洋务的速度大有后来居上的态势。不但设立了西学馆，教授汉文、英文、图算、测量、制造等学科，也委托了英商怡和洋行代为铺设沪尾至福州川石山的二百一十七公里海底电报线工程。此外，更已奏准招商集股兴建基隆至台南之间的铁路，并预计基隆至台北段将于光绪十七年完工，光绪十九年台北至新竹段可以完工，之后再陆续完成最后的建设。但财经专家在比对了种种主客观条件之后，也对此进行了研判，预测这条铁路可能会由商办转为官办。但由于官方经费的短缺，到最后可能无法完成预设的全段工程。至于可以铺设到何处，就要再看当时政府的财力状况而定，目前初步预估工程只能进行到新竹。

年度热搜榜

【光绪十四年】公元一八八八年

印度茶取代中国茶成为市场新宠

随着英国阿萨姆茶叶公司在印度的种植范围不断扩大，以及各式新型制茶机器的发明与大量使用，现在印度种植茶叶的土地面积早已超过了八百平方公里，茶叶产量更是突破四千万磅之多。同时，由于从大清国进口茶叶到英国时需要缴交百分之三十五的关税，而自身殖民地印度则是享有免关税的优惠，所以印度茶在很短的时间之内便成功地抢占了英国市场。今年，印度茶在英国地区更以高达八千六百万磅的进口量，超过了称霸英国市场已久的中国茶叶。一般认为，今后的欧洲市场将是印度茶叶的天下，而中国茶的黄金时期已然宣告结束，接下来将面对的只是逐年的萎缩了。

北洋舰队风光成军　领导阶层潜藏隐忧

政府筹办多年的北洋舰队，在经过多次的测试及训练之后，终于在日前正式宣布成军。这支总吨位数排名世界第八的新型舰队，由北洋海军提督丁汝昌所统率，并归身兼北洋大臣的直隶总督李鸿章节制调遣。其下以光绪三年（一八七七年）首批赴英国学习驾驶的林泰曾为左翼总兵兼镇远舰管带，刘步蟾为右翼总兵兼定远舰管带。从军方发布的人事名单来看，各舰的管带几乎清一色是马尾水师学堂的毕业生，其中至少有十个人都是该校第一期的同班同学。这样的安排使人员素质十分统一，

> 由于出身背景不同，丁汝昌疑似受到部分高级军官的排挤，已经成为北洋舰队的一大隐忧

彼此之间也更有默契。但名单也存在令人担心的隐忧，就是身为海军提督的丁汝昌，其陆军出身的背景可以说是与这些管带格格不入。届时如何既指挥得宜又能服众，恐怕就是丁汝昌军事领导生涯中所要面临的最严峻挑战了。

【专题报道】大清国国旗

由于在鸦片战争之后，大清国与西方各国的接触日渐频繁，而依照国际惯例，在海上航行的商船必须悬挂本国的国旗用于识别，否则会被视为海盗船。但因为数千年来都以天朝自居的大清国，并没有世界是由许多平等国家组成的这种概念，所以自然也就没有所谓的国旗这种东西。只是通过几次国际事件，清廷终于也意识到必须在大清国的兵船上悬挂足以识别的旗号，以免引起其他国家的误解，或成为外国制造事端的借口。于是在同治年间清廷便决定仿照外国之例，在水师船上都架起一面黄龙旗，但又未免过于类似皇帝亲领的正黄旗而有僭越之嫌，所以便削去一角成为三角形，成为大清水师的识别旗子。到了光绪年间新式军舰陆续回国服役之后，由于三角形的旗子与西方各国军舰上的长方形旗子差异太大，为了能符合国际惯例，在李鸿章的奏请之下，便将黄龙旗改定为长方形的样式。后来，时常出席国际场合的李鸿章，因为见到西方各国都在会场布置了庄严的国旗，唯独大清国没有，便上折奏请制作一面真正的国旗，以免每次都陷入无旗可挂的窘境，有损天朝威仪。在慈禧太后的授权之下，李鸿章向各方征集了许多样式，最后呈上了八卦旗、黄龙旗、麒麟旗，还有虎豹旗等多种方案以供选择。于是在今年清廷终于确定将原先"黄底蓝龙戏红珠"的海军旗当成大清国的正式国旗，并由总理衙门发函照会东西方各国一体知照。

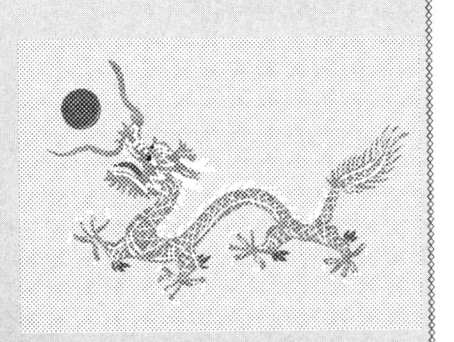

乞丐捐出所得 武训兴办义学

虽然近来黑心事件频传，官员贪渎之风不减，但社会上还是有许多地方充满温暖与人性的光明面。在山东地区就有一位名为武七的乞丐，因自幼孤贫跟着母亲行乞，所以长大后仍以行乞为生。他自恨不识字，深知读书的重要，便用多年乞讨所积攒下来的钱，于山东堂邑县柳林庄创办了崇贤义塾，并聘请举人或曾被选拔到国子监的生员（秀才，具有参加乡试资格的知识分子）来担任教师。地方政府在得知此项义举之后，已向朝廷申请表彰。而清廷似乎也准备赏赐匾额及黄马褂，并将由皇帝御赐新名为"训"以奖励其义行。不过武七在受访时表示，未来他仍将继续行乞，并把所得全数拿来兴办更多的义塾，让那些穷苦的小孩也有书可读。至于听到朝廷要赏他穿黄马褂（咸丰朝之后开始实施的 种尊荣奖赏）时，他笑着说："那就不必了，我一身破烂的乞丐装都已经穿了大半辈子了，根本不在乎个人的享受，只要义塾里的小孩都能用功读书，将来对国家社会有贡献我就心满意足了。更何况穿了黄马褂，哪还能要得到钱啊。哈哈……"

天下父母心 奕譞用心良苦？

　　资深政治评论家指出，对于目前主政的醇亲王奕譞之所以顶住各界的压力，不惜花费大笔钱财来为慈禧太后修建颐和园，除了讨老佛爷的欢心以稳固自己的政治地位以外，其实他还有另一层考量。因为奕譞虽然是太后的亲妹夫，算是慈禧的心腹成员之一，但他同时也是当今光绪皇帝载湉的亲生父亲。夹在皇帝与太后的夺权斗争之中，奕譞的处境可以说是十分尴尬。虽然在政治圈中人人都得替自己的未来做好盘算，但是天底下又有哪一个父亲不希望自己的儿子能独当一面，能有一番作为呢？所以奕譞之所以力挺颐和园的修建案，是希望能在其建成之后，以举世无双的园林美景，来转移慈禧对朝政的兴趣，借此让载湉有机会成为一个实权在握的真正皇帝。天底下的父母，总是用尽心力去栽培自己的小孩，这样的想法就算是皇帝的生父也无法避免吧。只不过这样做到底值不值得？有没有效果？那就只能静待时间给出答案了。

奕譞同时身为皇帝的生父及太后的亲信，其实内心也十分纠结

【专题报道】颐和园

　　颐和园原址为乾隆十五年（一七五〇年）时为太后祝寿所建的清漪园，在咸丰十年（一八六〇年）被英法联军焚毁之后，今年慈禧又准备将之扩大重建并改名为颐和园。从设计图来看，园区占地约五千亩，其中昆明湖水面占了约百分之八十，两岸仿照西湖的样式修筑东堤和西堤。而以万寿山为主的山景，则可再分为前山与后山两部分。前山有排云殿、石舫、长廊、佛香阁、智慧海、乐寿堂等建筑群，后山则有谐趣园、苏州街、赅春园、丁花承阁、香院等设计，园内各种风格的精美建筑共有三千余间之多。尤其是园林的设计，可说是集中国古典艺术之大成。不过，改建颐和园所需要的初期经费，据目前粗略的估算，就将花去一亿两白银之多。而这些钱，足足可以拿来增建十支北洋舰队。但话说回来，北洋舰队对于慈禧这位寡居深宫之中的太后来讲，距离实在是过于遥远了。修建一座可以怡情养性，疏解孀居禁宫之闷的园子，才是当务之急。

年度热搜榜

【光绪十五年】公元一八八九年

提建言忤及太后　屠仁守惨遭拔官

之前就曾经以太和门火灾事件，上折请求停建颐和园、请醇亲王奕譞避嫌不干预政事、要求李鸿章下台而得罪了一大批政府当权者的御史屠仁守，日前又不改他那直言不讳的脾气再次上疏，结果被慈禧太后给下诏严责，永不叙用。一向被视为国内政治圈少有清流的屠仁守，因光绪皇帝亲政在即，所以便在日前上折请求慈禧太后可以仿乾隆皇帝训政之例，让寻常的部院题本及奏事直接由皇帝处理，只有外省密折及廷臣的封奏才另请太后圣鉴裁决。同时，他也建请慈禧应该在归政之后移居慈宁宫，并节制游乐的活动。这样的建议，当然触怒了慈禧太后，她不但把他的奏折给丢了回去，还下令革除其御史之职并交部议处。吏部因为屠仁守素有清誉，堪称政坛的模范生，所以有意加以维护，便拟了个暂时革职待日后再行补用的建议。结果反而惹得太后大怒，不但直接降下懿旨将屠仁守革职永不叙用，还同时把一大批吏部官员都狠削了一顿，有些还因此而丢了官。看来，大清朝敢于直言的稀有物种，已经快速迈向灭绝的边缘了。

光绪大婚亲政　太后仍操实权

元月底，在慈禧太后的规划之下，她的侄女叶赫那拉氏被正式册封为载湉的皇后，并随即举行了大婚典礼。所有人都知道，长相并不讨喜的叶赫那拉氏并不是载湉喜欢的类型，她之所以能成为皇后，纯粹是因为慈禧欲在光绪帝亲政之后能够就近监视而安排一个眼线。而在皇帝亲政之后被选入宫，并被册封为瑾嫔与珍嫔（后宫第五级的妃嫔）的他他拉氏姐妹中，年仅十三岁的妹妹，便因为天生丽质又善解人意，不但懂得打扮还精通琴棋书画，而深受载湉的宠爱，让饱受冷落的皇后很不是滋味。但皇后与珍嫔之间的争宠戏码只是小意思，慈禧太后与光绪皇帝之间的夺权斗争，才真的是高潮迭起。原本以为大婚之后那烦人的老太婆便会乖乖卷帘归政的皇帝，在亲政之后才发现自己独立做主的梦想又是一场空。原来早在大婚之前，太后便授意礼亲王世铎等人联名上折，请求今后大臣奏事时，必须另外缮写一份副本给慈禧太后，而皇帝也要在奏明太后的次日才能颁布谕旨。于是慈禧就在归政之前，于此份奏折上批了依议的字样，并要求军机处永远存记。但由于它并未明确地指出此项做法到何时结束，所以实际上等于慈禧归政之后仍然大权在握，而光绪事事都要先取得太后的允许才可实行。看来载湉想真的亲政，可能要等到慈禧太后死的那一天才有可能吧。

年度热搜榜

【光绪十六年】公元一八九〇年

日天皇捐钱造舰　慈禧后生活奢靡

　　日本自从"脱亚论"（脱离亚洲弱国之列，跻身西方列强来侵略邻国的思想）成为主流思想之后，富国强兵的步伐真是一刻也没有停歇过。不但在去年（一八八九年）由天皇颁布了海、陆军大臣有直接上奏权的命令，对大清国积极备战的动作也丝毫没有停止。慈禧则利用海军衙门经费修建颐和园，而且过着每天要花费四万两白银的奢华生活。日本天皇今年又下达命令要所有官员捐出薪水的十分之一，再加上天皇自己内库的三十万元作为造舰的经费。据说，连天皇的母亲也把她所有的首饰都捐了出来，以支持海军的扩军计划。而陆军方面则聘请德国的军官作为教官，建立了新式陆军。另外，依据可靠消息来源，日本早就以各种名义派员深入大清国内地，调查并收集各项有用的资料及军事情报，今年还在上海开办所谓的"日清贸易研究所"。只不过记者在调查之下，发现这根本就是一所间谍训练学校。看来大清国要是不能赶快上紧发条，之后与这位东洋老弟交手的时候，情况恐怕将不是那么乐观。

仿洋银成色重量　张之洞开铸龙银

鉴于西洋银圆在国内的使用日渐普遍,影响所及已经造成国内金融秩序的混乱,所以两广总督张之洞便首开先例,仿洋银的成色、重量及样式,由官方以机器大量铸造较纹银使用更为方便的龙银(也称龙洋、九洋),以图取代现在流通最广的鹰洋(墨西哥银圆)。经济学者认为,在张之洞开铸龙洋之后,各省虽然一定会陆续跟进,但由于受到地域观念、政治环境及工业技术的限制,只怕到时各省的银圆在成色及重量上都会不尽相同,甚至同一省的银圆在前后期也可能都没有办法一致。这将使得国产银圆的通用性受到限制,导致其发行量及流通量在几十年之内,应该还是无法取代西洋银圆在国内金融市场的地位。

杨衢云创立辅仁文社　知识圈宣扬民主新知

日前在杨衢云等十余位知识分子的策划之下,一个名叫"辅仁文社"的组织已经在英国占领的香港地区正式成立。但据记者所得到的消息,其实这个名称听起来文绉绉的组织并非一个读书会,也和文学没有任何关系,而是一个反对清政府的政治团体。而其创立的目的,在于推翻清政府、创立合众政府,以及选举伯理玺天德(President,总统)来治理国家。虽然辅仁文社还是以宣传理念为主,但是当这种新思维传播开来之后,会不会以燎原之势延烧整个大清国,甚至撼动大清国两百多年的江山,就还要继续观察了。

> 我们要选举伯理玺天德!
>
> 玻璃是甜的?
>
> 真的可以吃吗?

年度热搜榜

【光绪十七年】公元一八九一年

■劳工长期受欺压 开平煤矿闹罢工

在越来越多的外资及技术人员进驻大清国之后，由于洋人普遍存在的天生优越感，使得管理不当而衍生的问题一直层出不穷。三月时，开平矿区开挖煤矿的工人们，就因为长期受到外国技师的欺压而群起反抗。愤怒的工人们在殴伤了洋工头之后，进而发动了罢工，最后更迫使所有的外国技师离开。虽然目前政府已经介入协调，但是薪资过低、工作环境恶劣、工时过长，以及基本人权未受到尊重等问题无法解决的话，只怕类似的情形还会在各处不断发生。

洋教堂涉及拐卖幼童案酿暴动政府缉凶并赔钱

继芜湖、武穴等地于不久前发生外国教堂涉嫌贩卖儿童，而使得当地愤怒的民众焚毁教堂，或以暴力报复传教士及领事馆人员的事件之后，日前宜昌地区同样的情节再度上演。据了解，这次事件的起因，是法国的天主堂收买了一名儿童，但重点是这名儿童既非孤儿，也不是因为父母亲过于贫困才交给教堂抚育，而是被歹徒拐骗了之后再辗转卖给教堂的。这个小孩的亲属在得知消息之后，急忙跑到教堂想要把小孩要回来，便与教会人员发生了一些争执，并引来附近的群众聚集围观。眼见群众越聚越多，旁边美国教堂的传教士也开始慌了起来，竟然向围观的群众开枪示警。可谁知，这一枪竟然把一位围观的民众给打伤了，使得在场的乡民一时群情激愤，情况也开始失控。愤怒的民众根本不管眼前的是哪一国的教堂，便一把火全给烧了，还殴伤了许多外国商人以及传教士。暴动结束之后，英法美等国向清廷提出严重抗议，其中英法军舰不但立刻驶进宜昌，英德俄意四国的军舰还在汉口举行军事演习以作为威吓。最后湖广总督张之洞为了平抚西方列强的怒气，只好加紧悬赏缉凶，很快便把涉案的几十名百姓施以充军或杖刑等处罚，然后赔了十七万五千两白银了结此事。

年度热搜榜

【光绪十八年】公元一八九二年

反教文宣波及

之前由于各地不断发生百姓与教会冲突的案件,为了避免再有类似情形发生,所以使馆将传教士在民间所收集到的各种排斥洋教的一些宣传品、书籍,甚至假造的官府公文,都一并送交总理衙门,希望大清政府能妥善处理此事。总理大臣在看过之后,也同意这些宣传品和伪造公文,虽然印刷质量不高,但对于没有接触过公文的百姓有很大的影响力,遂将其确定为各地教案不断的主因之一。深入调查后发现,这些东西大多是由长沙的三家书铺所刊印,于是便要湖广总督张之洞对此加以详查。之后张之洞回奏,经调查后证实三家书铺都为以军功出身的陕西候补(有任官资格但仍需等待实缺开出才能上任)道员周汉所有。但近年来由于周汉迷信扶乩,乡里间皆知其已近似疯癫,所以这些资料并不是他所刊刻,而是有心人士假借其四品职官之名而为之。最后虽然周汉不用为此事负责,但却也因为专事扶乩且行为荒诞,而被革去候补道员的资格。

候补道员遭殃

杖责站笼猴抱桃　官府酷刑令人惊

庐江知县杨霈霖之前被人检举滥用非刑并伤毙多命,经过两江总督刘坤一调查后证据确凿,已由光绪皇帝载湉降旨,将其革职并发遣新疆当差。在判决书中指出,杨霈霖每次问案用刑,都一定要打到皮破见血为止。而他属下的差役们虽然不忍心对于已经受伤的人再痛下重手,但因畏于长官的严厉要求而不得不依命执行,所以就曾经发生过被要求在已经受伤之处再重打五百下,最后导致嫌犯当场毙命的情形。另外,杨霈霖也时常把人装入"站笼"之中,然后用朱笔加封,断绝米水,从一开始就打算把人给站死示众。对于种种暴戾酷虐的行为,当地的百姓全都敢怒不敢言。如今恶官获谴,乡里间无不大快人心。但社会学者也指出,其实官府滥刑逼供的情形早已十分严重,不止庐江知县如此,各种酷虐刑讯的花招根本已经达到令人瞠目结舌的地步。除之前所说的"站笼"外,还有"画眉架""失魂牌""猴抱桃""天平架""敲脚筋骨""冷水浇背""荆条击背"等数不清的刑罚。虽然中央一再明令禁止,可是打从"大刑伺候"成为官府问案的口头禅之后,严刑逼供似乎便成为大清官方的标准问案方式。

北洋舰队储弹不足　舰队实力恐打折扣

据闻，协助大清管理北洋舰队的德籍军官汉纳根，鉴于"定远号""镇远号"两舰三百零五毫米主炮的炮弹储量不够，所以建议北洋大臣直隶总督李鸿章及早购买以备战争所需。虽然李鸿章在评估之后也认同汉纳根的看法，并同意向德国克虏伯兵工厂购买，但由于在为慈禧太后修缮颐和园期间开支骤增且鉴于北洋海军已逐渐成军，1891年户部请求禁止对外购买武器装备。目前不但北洋舰队的炮弹存量严重不足，连各地海防炮台的炮弹及火药也都极度缺乏，一旦真的开战的话，整体战力恐怕将大打折扣。但也有军事专家表示，比起炮弹存量的问题，北洋舰队更需要担心的恐怕是指挥官的内部斗争。由于经办海军的李鸿章可说是对海军技术了解较少，所以倚靠着英国籍海关总税务司赫德和陆军出身的汉纳根创办北洋舰队，然后又以之前的旧属丁汝昌为北洋海军提督。可是丁汝昌亦是陆军骑兵出身，又是安徽人，而各舰的管带和水兵大多是福建人，平素派系斗争也时有发生，这在很大程度上挑战了丁汝昌的权威。在大战开始之前，北洋海军依旧面临兵员、后勤、弹药等多方面的问题，虽然海军官兵有着强于日军的战斗意志，但在诸多因素影响下也大打折扣。

年度热搜榜

【光绪十九年】公元一八九三年

朝鲜东学党骚动　当地情势陷紧张

据驻朝鲜通商委员袁世凯的汇报，当地具有强烈拒倭排洋思想的东学党人，不断在汉城（首尔）内到处张贴榜文，威胁说要杀光所有的洋人。而这种骚动不安的气氛，已经让身在朝鲜的外国人都感到慑栗恐惧。其中，日本人更是在光天化日之下带刀自卫，并派出军舰及数百名兵士停泊于仁川港中，随时都有动武的可能。而且情报显示，东学党人也将号召数万人上街抗议，到时也有可能意外引发大规模的动乱，或是让日本人逮到一个出兵朝鲜的机会。北洋大臣李鸿章在收到袁世凯的电报之后，已经立即命丁汝昌派兵舰前往仁川以为应变。

> 朝鲜东学党扬言号召万人示威，并威胁杀光洋人和日本人。

> 嘿嘿……机会来了。

> 嗯嗯……

日军参谋次长川上　亲自至津实地勘察

积极主张对大清国及朝鲜进行侵略扩张，多年来一直在日军最高指挥机构负责制订对华作战计划，并且曾多次派遣间谍到大清国收集情报的日军参谋总部次长川上操六中将，日前以来华游历为借口抵达天津。他在天津详细观察了城防情形，并试射上海机器局所仿制的新型快枪之后，已由上海返回日本。根据可靠的情报来源，川上此行亲自来华实地勘察之后，已向日军高层确切地表示大清国不足为惧，进一步加强了日本对华用兵的信心。看来，日本与大清的东亚决战，将是无可避免的了。

日本"吉野"战舰下水　海军实力不可小觑

日本在去年向英国订制的大型快速巡洋舰"吉野号",已经在日前举行下水典礼。这艘排水量四千二百吨,拥有一万五千六百八十匹马力,航速可达二十三节的新型战舰,在加入日本联合舰队之后,无疑将对大清国北洋舰队造成极大威胁。但是反观清廷高层,包括身兼北洋大臣的直隶总督李鸿章等人,对于日本自明治维新以来的发展及变化,都是从仅有的一些零星传闻得来,甚至完全无法理解日本海陆军现代化的程度及战力,所以还是很有自信地认为大清国的陆军强于日本,而海军虽无法与西方列强匹敌,但用来对付日本海军则是绰绰有余。只不过,自从一八八八年成军以来,就没有再买过任何一艘舰艇的北洋舰队,现在的战力,可能已经远远被日本联合舰队所超越了。

> 超过了!超过了!原本第一棒还遥遥领先的大清国队,在最后一棒被日本队超越了……

自从成军之后便未再买过一艘舰艇的大清北洋舰队,其战力已被日本的联合舰队所超越

台湾铁路基隆至新竹段通车

在光绪十三年,由台湾巡抚刘铭传奏准招商修建,原本计划从基隆铺设到台南的铁路路段,在改由福建每年协济台湾四十四万两官银后,所得的银两已逐渐不敷向外国购买铁轨、机车等费用。邵友濂继任巡抚之职后,已经向清廷奏准变更计划,改成只从基隆铺设到新竹为止。其中耗时三十个月才完工的基隆狮球岭隧道,是目前大清国所打通的第一座铁路隧道,在工程技术上具有标志性意义。十一月时,这条耗去一百多万两白银,总长一百公里的铁路工程终于全部完工。一般认为,它在正式通车营运之后,对于台湾产业的发展及交通的便利性,都将有很大的帮助。

年度热搜榜

【光绪二十年】公元一八九四年

无视大清警告　日军入主朝鲜

　　日本借着之前朝鲜东学党动乱之际，抓准时机派兵进驻了汉城及其外港仁川，而大清国在朝鲜政府请求之下也派兵进驻牙山。日本政府随后向大清发出照会，并提出了与大清国共同镇压朝鲜内乱、共同改革朝鲜内政，以及共同派军官训练朝鲜军队三项提案。不过北洋大臣李鸿章不但没有同意此项提案，还警告日本应立即撤军，否则大清国将派遣大军前来。其实大清国的反应早在日本的预料之中，这种想要以不到人家一半兵力就来威吓日本退兵的如意算盘，当然也就无法实现。而早就拟好行动方针的日本，仍然继续向朝鲜增兵，使得进驻汉城、仁川的日军人数不但达到了八千人之多，而且带足了精良的枪械大炮，连弹药、粮饷都准备得十分充足。反过来看清军这方面，不但部队总数只有二千五百人，而且因为一开始只打算去镇压东学党之乱，所以并没有携带大炮等重兵器，甚至连携行的粮饷弹药也显得不足。李鸿章在发现他"伐谋"无效之后，只好赶紧增派部队及船舰前往平壤及牙山。但据记者所得到的情报，日方不但已经加紧运送枪械及布置进攻，还通过之前早就已经密布北京、天津及各港口的情报网，侦得了清军增援部队的人数、武器种类、弹药数量，以及出发的日期。而且此时因汉城早已被日军控制，所以汉城、仁川通往大清国的电报线早就被日军给破坏了，使得驻朝鲜的清军和政府之间完全失去了联系的通道。到了六月时，一切已经安排妥当的日军便攻入王宫，解除了朝鲜军队的武装，并监禁朝鲜国王李熙（李载晃，朝鲜高宗），然后利用大院君（儿子过继给王室并成为国王后，给予生父之封号）李昰应（李载晃生父）成立了傀儡政权。

丰岛爆海战　中日首交锋　清军受创严重

原本正在加紧脚步筹备今年慈禧太后六十岁寿诞的大清国,没想到居然发生了比这还要重大的事件。六月二十三日,由济远舰管带方伯谦所率领的"济远号""广乙号"两舰,在牙山完成协助驳卸士兵的任务之后,在丰岛海面意外遭遇"吉野号""浪速号""秋津洲号"三艘无论是吨位、火炮还是航速都居于优势的日本战舰。双方在互相开火数分钟之后优劣立见,由大清国自制的炮舰"广乙号"想在硝烟及薄雾的掩护下向日舰发射鱼雷,但却遭到强大的火力压制而严重受损,最后更在脱离战场时不慎搁浅而只好引火自焚。"济远号"在激烈战斗之后,也同样遭受重创,在大副被日炮击中而脑浆迸裂,二副肚子也被炮弹贯穿的情形下,带着惨重的伤亡及破损的船体向西急驶奔逃。日军以航速最快的"吉野号"继续追击,并留下其他二舰对付这时也刚好驶进战区的军械载运舰"操江号",以及向英国租来载运增援部队的商轮"高升号"。虽然"高升号"上面悬挂着英国国旗,但"浪速号"仍然要求该舰停机下锚,英籍船长在抗议无效之后也只能表示服从。不过船上的清军官兵们却从中加以阻拦,并向日舰表示绝不投降。于是"浪速号"发出了船员离舰的警告,表示将要对"高升号"进行攻击。包括船长在内的许多外籍船员为求保命,都纷纷跳船避难,但清军却以洋人临阵脱逃而开枪加以扫射。日舰一听见枪声,随即发炮攻击"高升号",而清军则是据船以步枪回击迎战。当然,没过多久,"高升号"便被日军的炮火击沉,而舰上运载的七百余名官兵,除外籍人士被日舰所救外,其余的不是溺死就是被日军以机枪扫射夺去性命。虽然"济远号"后来发射尾炮击中"吉野号"而摆脱追击,但丰岛海战这场中日间首度交手的战役,却以"操江号"被日方俘获、"高升号"遭击沉、"广乙号"伤重自毁,以及巡洋舰"济远"受到重创收场。

日本军奔袭牙山　叶志超望风遁逃

就在丰岛爆发海战的同一天,驻汉城的日军也采取了行动,启程准备向牙山的大清部队发动攻击。几天后,日军前进到牙山以东的成欢附近,与清军的外围部队发生激烈的战斗。这场仗打了六个小时之久,清军因弹药不足而撤走,日军则是直接扑向牙山的清军基地。不过,这时由直隶提督叶志超所率领的清军主力,早就已经紧急拔营,经小路往北逃到平壤,而让日军扑了个空。

北洋舰队立足防守　　援朝陆军趁夜后撤

> 报告！右侧发现敌舰！

> 好，我们的任务是掩护陆军。

北洋舰队的任务目标是优先掩护在朝鲜的陆军

在中日相互开火之后，双方政府于日前正式向对方宣战叫阵，北洋大臣李鸿章也随即命令北洋水师提督丁汝昌率领舰队出海正面迎剿日军。虽然李鸿章曾经叮嘱要伺机进退，但是为了尽量保全这些浩价昂贵的战舰，北洋舰队只能尽可能地避免与日军在海上交战，希望能够在掩护陆军上岸后就撤回旅顺。但北洋舰队尽量避免出海搜寻日军作战的事实，将使得大清国失去黄海的控制权，同时造成在兵员、粮饷、军械火炮运送上的困境。据闻，清廷高层虽然对于丁汝昌避寇纵敌的行为骂声不断，但也只能无奈地改走六百里陆路，翻越崇山峻岭来运送军械，然后让士兵们乔装成一般的旅客，再从长江口搭船北上以增援朝鲜。花了好大的劲儿才到达平壤的援军，在日军的猛攻下，坚守平壤，双方激战一夜，清军不敌，被迫撤出平壤。

中日两大舰队　黄海交火恶斗

日本依靠之前在大清国境内布下的绵密情报网络，探知北洋舰队正在黄海执行护送部队的任务之后，便派出联合舰队准备进行猎杀之行动。据北洋舰队在事后提出的报告显示，北洋舰队在发现敌舰之后，舰队指挥官丁汝昌便下令摆出分段纵列的阵势，以"定远号""镇远号"两艘主力舰居首向敌逼近。到了快要接敌时，又改变成横阵，在敌舰前一字排开，将各舰火力最强的舰首都对准了日舰。这时，日本以"吉野号"领军的第一游击队，以高速的优势在阵前横驶而过，去攻击北洋舰队最弱的右翼。而由"三景舰"为主力的本队则居于其后，准备与在正中央的宿敌"定远号""镇远号"两舰展开对决。进入射程之后，双方互相开火，而丁汝昌也在开打后不久便因奋勇督战而受伤，舰队改由"定远号"旗舰（指挥舰）的管带刘步蟾指挥。在刘步蟾的指挥下，敌炮不但无法取准，"定远号"还发炮重伤了日本的旗舰"松岛号"，接着又当场击沉三艘日舰，并造成多艘日舰重伤溃逃后沉没。而原本搭载着千余名日本陆军的运兵船，也在此役中沉于海中，使得其偷袭清军后路的诡计无法得逞。不过在海战时，由于方伯谦指挥的"济远号"临敌逃避，先撞毁"扬威号"又牵乱整个队伍，使得"广甲号"也随之而逃，而造成北洋舰队在接战之后极大的损伤，更有数艘船舰都因之沉没。清廷在收到此份报告之后，已经下令将方伯谦即行正法、"广甲号"指挥官带职留营，同时并大力嘉勉指挥得宜、表现优异的刘步蟾。但事实上，日方的损失远没有清方预计的那么大，仅有数艘军舰被击伤，无一损失。

【专题报道】北洋海军主要实力一览

	大清北洋舰队			
总吨数	34750 吨			
总兵力	2156 人			
战舰数 （依速度分）	19↑	18—17	16—15	15↓
	0	2	8	3
战舰数 （依吨数分）	7000↑	4000	3000	2000↓
	2	0	0	11
主要火炮 （毫米）	320	305	280	260
	0	8	0	1
	250	210	170	150↓
	5	14	9	30
总炮数	214 门			
鱼雷发射管	38 具			

甲午海战真相揭秘

随舰记者据所传回的资料比对，发现事实与北洋舰队所提出的黄海海战报告有极大出入。当双方距离缩短到三千米时，具有射程优势的日舰便首先发炮射击，而北洋旗舰（指挥舰）"定远号"的樯桅及绳索便被击毁而无法发号指挥，舰队指挥官丁汝昌也因由高处坠落而受伤。在最弱的"扬威号""超勇号"被日舰锁定而先后着火后，"济远号""广甲号"两舰在惊吓之余竟然不战而逃，其中"济远号"在摆脱日舰时还将已经搁浅的友舰"扬威号"撞沉。随后双方互相开火，但由于北洋舰队的实战用弹奇缺，所发射的大部分都是杀伤力极弱的实心弹，所以很快便居于劣势。不久，"致远号"被击中即将沉没之时，管带邓世昌因炮弹即将用尽而决定全力撞击日舰"吉野号"，想要来个同归于尽，但才开到一半便被敌舰发射的鱼雷击中沉没。之后虽然有人抛下救生圈给邓世昌，但他却决定与"致远号"共存亡而于海中殉职。这时，"镇远号"的主炮击中了日本的旗舰"松岛号"并造成大爆炸，逼得"松岛号"升起不管旗，让日本各舰自由行动。在日舰激烈的炮火攻击下，"经远号"被日舰追击后沉没，"靖远号""来远号""济远号""平远号""广丙号"等舰也因受创严重而只能设法脱离战场。剩下的"定远号"及"镇远号"两艘主力舰，虽然因为装甲厚实而没有因为日舰的围攻而沉没，但由于船上缺乏杀伤力较强的实战炮弹，所以也无力击沉敌舰。到了下午五点多，已经完成初步抢修的"靖远号"代替旗舰升起队旗，收拢各舰。日方也因研判无法于日落前击沉北洋的两艘主力舰，而下令收队返航，结束了这场惊天动地的海上大战，北洋舰队也因日落逃过全军覆没的命运。

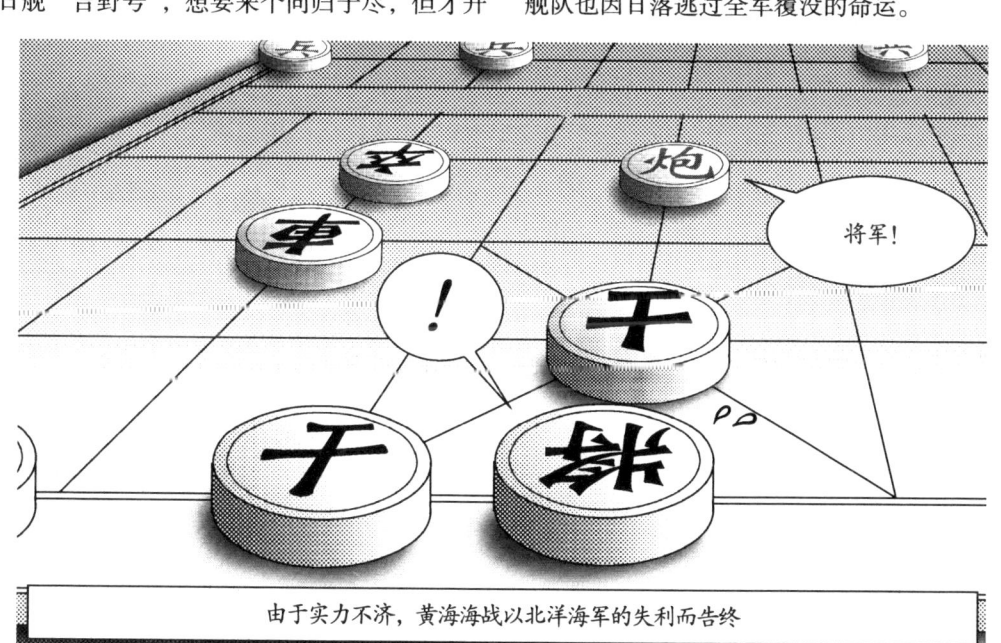

由于实力不济，黄海海战以北洋海军的失利而告终

日军入侵大清国本土！
大连旅顺落入倭手　北洋舰队远遁威海

在与日军开打之后，清廷起用了对政务较有经验的恭亲王奕䜣，并一面设法与日本议和，一面加强鸭绿江及山海关的防守。日军虽然先在鸭绿江发动了攻击，但这只是支佯攻的部队，日本的真正目标其实是大连及旅顺。虽然清廷在敌人于花园口强行登陆时才惊觉日军的企图，并急电丁汝昌率领已经修复完成的部分战舰前往接应，以阻止日军的登陆。丁汝昌在收到命令后，率军舰前往大连湾攻击正在登陆的日本军团，但不料军舰抵达时日军已经登陆。日军在十四天之内，不费吹灰之力，不发一枪一弹便完成了登陆任务。之后，日军攻陷金州并向大连挺进，由于后路已被切断大连守军只得放弃各炮台逃之夭夭了。于是最后日军不但在没有任何抵抗的情况下轻松占有大连，甚至还意外获得了大批清军留下的粮草、枪械、弹药及大炮。日军在大连休整十天之后，又接着对旅顺发动攻击，并在城破之后对平民展开残忍屠杀。至于丁汝昌、刘步蟾所率领的北洋舰队，只得撤回到威海卫去了。

华侨爱国又投资一举两得
孙文成立兴中会募集资金

据外媒报道，不久前有一位名叫孙文的年轻人，在檀香山建立了"兴中会"，并于会中提出"驱除鞑虏、恢复中华、创立合众政府"的主张。而这个新观念的提出，也开始在当地的华侨之中产生了一些影响。记者在追查之下，发现孙文曾在数个月之前写信给北洋大臣李鸿章，并提出了"培养人才、发展实业"等变法自强的主张。但这封信却石沉大海，并未被李鸿章所采纳，也使得孙文的思想由变法革新转成推翻清政府。

年度热搜榜

【光绪二十一年】公元一八九五年

被日军困死威海卫　北洋舰队全军覆没

去年（一八九四年）年底，日军在北洋舰队没有出面阻截的情况下，轻易地在荣城登陆，然后于今年年初攻进威海卫并夺得炮台，接着日军便利用炮台及鱼雷舰大肆轰击停泊在港中的北洋舰队。北洋舰队诸舰因动弹不得，只好就地还击，但因为无法像在海面上一样游移避弹，所以只能像靶子一样挨打，最后"定远号""来远号""威远号""靖远号"等舰都先后被击毁。由于情势完全不利又无计可施，丁汝昌只能同意沉船投降。但身为北洋海军提督的丁汝昌，以及身居舰队中第二把交椅的定远舰管带刘步蟾，都为此深觉愧对国家，所以便在无奈中相继自杀了。海军军官程壁光随同道员牛昶晒向日本联合舰队投降，随后日舰进入威海卫港，接收尚未被击沉的"镇远号""济远号""平远号"等舰。至此，一度号称东亚最强，实力排名世界第八的北洋舰队全军覆没。

兴中辅仁双社合并　杨衢云出任总会长

去年在檀香山创立了"兴中会"的孙文，于日前来到香港，并与当地的反政府组织"辅仁文社"进行接触。由于彼此理念接近，成员的背景也都类似，所以双方一拍即合，在会谈之后便决定将两个组织予以合并。虽然合并后的名称因为"振兴中华"的口号简单又响亮，所以仍然称为"兴中会"，但由于辅仁文社的实力远远大于原来的兴中会，所以便以杨衢云为兴中会总会会长，而以孙文为秘书。据了解，兴中会总会的办事处，对外是以经营贸易的商号"乾亨行"为名，地点则设在香港中环士丹顿街十三号。总会的组织架构与檀香山支会大同小异，并沿用相同的方法来募集资金。不过，会员在入会的时候，还多了一项仪式，就是必须高举右手对天宣誓"驱逐鞑虏，恢复中华，创立合众政府。倘有贰心，神明鉴察"，以加强会员对组织的忠诚度。

李鸿章赴马关谈判　电报密码遭日破解

在日军以完胜的姿态灭了北洋舰队并占领威海卫之后,国际形势也随之有了变化。敏感的西方列强为了维护自己在大清国的利益,已经增派军舰准备对日本侵华的行动进行干涉。日本政府迫于压力,只好修改原本要进军台湾的计划,将大军集结于之前已夺得的旅顺、大连及新近入手的威海卫,摆出一副要进攻北京的姿态,以逼迫大清政府在谈判桌上答应日本所提出的巨额赔款、割让辽东半岛及台湾等要求。而就在慈禧太后决定派李鸿章为全权大使前往马关议和的同时,日军为了再次向清廷施压,并作为谈判不成时再次进攻的据点,又于日前对辽河三角洲及澎湖发动了攻击。另外,据可靠消息来源,由于议和过程中李鸿章与清廷之间的电报往返都经由日本电报局收发,所以在密码被日本人破译而中方毫不知情的情况下,中方所有的情报、态度以及谈判底线,都已经被日本人掌握得一清二楚,所以在双方谈判时日本态度可说是极其强硬,完全没有妥协的空间。

春帆楼回程近身枪响　李鸿章当街遇刺溅血

二月二十八日那天,当李鸿章于马关的春帆楼与日本内阁总理伊藤博文会谈结束,乘轿要返回寓所"引接寺"的途中,突然有一个人从围观的群众中蹿出,并以迅雷不及掩耳的速度,用手枪朝着李鸿章所乘坐的轿子开了一枪。李鸿章被当场击中而且血流不止,更引发现场一阵大乱,受到惊吓的群众四处走避,而行凶者也趁乱逃逸无踪。随行的医生立即展开急救,所幸子弹只击中了李鸿章的左颊骨而并未命中要害。随后日本警方也立即出动搜捕嫌犯,并在现场附近的一间店铺中逮捕了行凶者。日本政府随即对此事件提出正式说明,表示已遭到逮捕的这个刺客名为小山丰太郎,为上野国馆林藩人。据嫌犯本人供认,他是日本激进组织"神刀馆"的成员,为了阻止中日议和,所以决定借刺杀李鸿章来挑起中日之间的进一步矛盾,以达到让战争继续进行到底之目的。日本政府除对此暴力行为表示强烈谴责外,也一再强调此为暴徒个人的激进行为,和日本执政当局无关。国际问题专家认为,在两国谈判的敏感时刻,竟然于日本本土发生对方代表被本国人刺杀的事件,对日本的谈判情势可说是十分不利。为了避免大清国以受害者的姿态博取各国的同情,自知理亏的日本政府可能会有所松动,尽快完成谈判及签约,以免夜长梦多,另生变数。

> 我的帅脸……

李鸿章遭到近距离枪击幸无大碍

马关条约赔偿天价二亿两 台湾割让日本

由于突发的暗杀事件，已让日本政府整个慌了手脚，为免西方各国因此事件介入，日本内阁总理伊藤博文在前往探望李鸿章，并确定他没有生命危险之后，为免节外生枝，已于日前与清方签下停战协定，同意在三月二十六日中午之前，除台湾与澎湖外，双方于奉天、直隶、山东的部队都暂时停火，以便就和议条件进行最后的商议。三月二十三日，李鸿章与伊藤博文正式签下了《马关条约》，大清国承认朝鲜之独立自主，同时割让辽东半岛、台湾及澎湖列岛，并对日赔款二亿两白银，增开沙市、重庆、苏州、杭州为商埠并设立领事，也允许日本人在商埠投资，生产的物品则可以享有免税的优惠。但最终，由于列强的干预，日本在额外索要了三千万两白银后放弃了对辽东的要求。

康有为公车上书 读书人开始觉醒

在李鸿章与日本签订了《马关条约》之后，全国上下对于堂堂大清国竟然败在倭寇手上，真是感到无比的痛心疾首。而正在北京应试的一千三百多个举人，也在康祖诒（康有为）的领导之下，联名上疏给光绪皇帝，呼吁"拒和、迁都、变法"。虽然此次"公车上书"（汉代以公家车接送应举之考生入京，后来即以公车代称进京应试之举人）已被督察院所拒，学潮也因为领导者康有为在刚贴出来的黄榜中名列进士第八，准备入殿面圣做官去而消散，而地还是照割，钱也还是照赔，但突破了以往清廷不准士人干政的禁令，对大清国的知识分子产生了很大的影响。一般认为，在此之后的知识分子组织各种社团、要求革新的情况，将会有如雨后春笋一般。

小站组建新陆军　清廷相中袁世凯

在海陆军都被日军打败之后，清廷终于下定决心也要筹设一支现代化陆军，于是便在去年（一八九四年）于天津小站，聘请了德国籍的教官，仿照欧美的军制编练新式陆军。到了今年二月时，新军招募的人数已达四千七百余人，一共编为十营，并展开严格的训练。日前，小站新军的训练任务交由之前在朝鲜表现出色的袁世凯接办，同时将部队员额扩编到七千余人，并正式称为"新建陆军"。一般认为，新军练成之后，将是大清国实力最强的一支劲旅，而袁世凯也将随着新军的成长，在政治圈中逐渐站稳脚跟。

康梁办报创强学会

之前曾领导"公车上书"的工部主事（中级官员）康有为于七月中在北京创办了《万国公报》，并以其学生梁启超等人担任编辑。这份随着邸报（中央传知各地方政府关于朝廷政令、人事异动、臣僚奏议等的新闻抄文）附送给在京官员的报纸，内容介绍了国内政情、西方现况、自然科学知识，同时也宣传变法维新的观念，在政治圈中有着很大的影响力。只是不久之后，康有为便发现这个名称与其他刊物撞名了，所以只好改成《中外纪闻》然后继续发行。到了十月时，康有为、梁启超等人又成立了"强学会"，并招纳了许多希望国家求新求变的知识分子加入。而在军机大臣翁同龢从户部划出一小笔经费并拨给一部印书机，工部尚书孙家鼐也协助找了间房屋当作强学会会址的支持下，大学士王文韶、两江总督刘坤一、湖广总督张之洞也都各捐了五千银圆响应。据说，李鸿章原本也有意想要捐助两千银圆入会，但因为之前与日本签订《马关条约》导致社会声誉不佳，把自己弄臭了，所以入会申请还被康有为给拒绝了。在这般经济基础及政治背景的支持之下，原本应该可以发展得一帆风顺的强学会，却在年底时，被御史（监察官）杨崇伊以"私人堂会，将开处士横议之风"上奏给慈禧太后，并于随后遭到查禁。同时，由于康有为过于强调他所认为的"今文经正统"理念，不断贬抑长久以来儒家所尊奉的《周礼》以及古文版《尚书》《左传》等经典，并不时将这些学术性的问题搬上台面，甚至自号为"康长素"（长于素王，"素王"指无冕之王孔子），还将他门下的梁启超等五名弟子分别取了"轶赐"（超过子贡）、"超回"（超越颜回）、"驾孟"（凌驾孟子）、"越伋"（优于子思）、"乘参"（把曾参当马骑）的名号，所以渐渐地也让政治圈中的大佬们开始对其保持距离了。

第四章

自强不息　辛亥革命

（公元一八九六年～一九一一年）

本章大事件

公元一八九六年
- 大清国向外巨额借款
  英国紧握大清海关
- 为了逐狼却引虎
  大清与俄签密约

公元一八九八年
- 德军借口曹州教案
  强租胶州湾九十九年
- 光绪下令变法维新
  新手上路操之过急
- 太后政变架空皇帝
  戊戌维新百日梦醒

公元一八九九年
- 康梁成立保皇会
  主张立宪反革命
- 义和拳扶清灭洋闹山东
  毓贤收编民团惹怒洋人

公元一九〇〇年
- 袁世凯追剿义和团民
  老佛爷扶植纨绔亲贵
- 八国联军出动
  拳民大闹北京
- 多省督抚划清界限
  东南互保置身战外
- 八国联军入紫禁
  太后皇帝奔西安

公元一九〇一年
- 大清同意天价赔偿
  双方签订《辛丑条约》

公元一九〇三年
- 二虎抢食东北肥肉
  日俄战争无可避免

公元一九〇四年
- 日俄军大战
  日本军据旅顺

公元一九〇五年
- 日本完胜沙俄
  东北权利又转手
- 高墙动摇
  慈禧允诺预备立宪
  将派专员出国考察
- 孙大炮魅力狂扫东京
  同盟会提出三民主义

- 二次启动异常低调
  考察团分批出国
-
  改革虎头蛇尾
  大清原地踏步

公元一九〇六年

公元一九〇七年

- 安徽巡抚被刺身亡
  徐锡麟秋瑾被捕处死
- 同盟会起义不断
  清政府头痛万分

公元一九〇八年

- 宣统继位
  载沣掌权
  袁世凯遭排挤暂离政坛

公元一九一〇年

- 民意沸腾
  清廷松口
  国会将于宣统五年召开

- 中央实施责任内阁制
  皇族成员过多引挞伐
- 黄花岗起义黄兴领军
  七十二烈士成仁
- 辛亥革命取得首胜
  十八星旗武昌飘扬
- 革命现骨牌效应
  十五省宣布独立
- 宣统皇帝退位
  大清王朝终结

公元一九一一年

年度热搜榜

【光绪二十二年】公元一八九六年

大清国向外巨额借款

由于近年来接连不断的战争与赔款，庞大的经济压力已经让中央政府几乎快喘不过气，大清不得不向外寻求援助，以举债的方式让国家可以继续地运转下去。日前，清廷便与英、德签订了借款合同，向汇丰银行及德华银行借款一千六百万英镑（九千七百余万两白银）。这笔年利率百分之五的款项由两家银行各担一半，并以大清国海关之收入作为担保，共分三十六年还清。不过，合约中也规定自借款后六个月之内，大清国不得再向其他银行借款，同时也要求在款项未完全清偿之前，大清国不得改变海关的行政架构。

英国紧握大清海关

分析师表示，通过这份贷款合约的签订，虽然大清国的财务压力可以稍微获得喘息的空间，但也更进一步保证了英国人占据总税务司的位置，让大清国海关的行政权力完全被英国人所掌握。

为了逐狼却引虎

在中日甲午战争失利之后，清廷便幻想着联合西方各国来抵御日本的再次入侵，于是派李鸿章前往西方各国访问。据最新消息，李鸿章已于日前在莫斯科与沙俄签订了一纸密约，同意日本一旦侵略远东的话，则中俄两国共同出兵，并互相援助粮食及军火。而在战争期间，沙俄军舰则可以驶入大清国的所有口岸。同时也同意让沙俄在黑龙江、吉林两省修筑可以直

大清与俄签密约

达海参崴的铁路，以方便战时军队及物资之运输。不过评论家也对此提出警告，如果传闻属实的话，那清廷的想法就实在是过于天真了。因为显而易见的是，长久以来便一直想方设法侵吞大清领土的沙俄，以共同防御日本为幌子来签下这份密约，实际上是要将其势力伸入大清国的东北地区。而清廷此举，无异于为了驱逐野狼而引猛虎入室。

《时务报》发行数量破万　梁启超宣传变法维新

提倡变法维新的汪康年、梁启超等人，于上海创办了以变法图存为宗旨的《时务报》。这份以梁启超为主笔的报纸，每十天出刊一册，每册约有二十页之多，除了梁启超，其他力主维新的人士也纷纷在此撰稿。刊物的内容主要在宣传变法图强，并对旧有的封建势力多有批判，十分受读者的欢迎。《时务报》目前每期的销量已经达到一万余册，为当今发行数量最高的报纸。不过，由于报中文章所提出的部分观点，对旧思想造成很大的冲击，就连较能接受创新观念的湖广总督张之洞也觉得不妥而屡加干涉。一般认为，不出几年，清廷为了抑制舆论，一定又会加以查禁。

清使馆伦敦诱捕孙文　孙逸仙脱险享誉国际

去年（一八九五年）在广州策划武装反政府行动失败的孙文，在逃往日本之后，又转往欧美等地考察各国先进的民主制度。不过他在今年八月下旬抵达英国之后，却意外地被大清驻英公使馆的人员给诱捕绑架，并囚禁于使馆之中。后来孙文说服了一位在使馆中服务的英国仆人，请他暗中联络之前自己于"香港华人西医书院"（香港西医书院，即香港大学李嘉诚医学院之前身）就读时的老师康德黎。康德黎在获悉此事之后，便立刻在伦敦邀集了许多友人奔走营救，并向英国媒体揭露此事。这件大清使馆人员于英国本土公然掳人的丑闻曝光之后，引发了当地的热烈讨论。最后，英国政府因为舆论的压力而出面干涉，才使得大清使馆将孙文给放了出来。

接下来步上星光大道的是最近蹿红的孙文先生……

孙文在清使馆绑架事件之后，已从一位默默无闻的反政府人士，变成国际知名的革命家

年度热搜榜

【光绪二十三年】公元一八九七年

大清国自设通商银行　汇丰仍占金融鳌头

日前，在大臣盛宣怀的奏请之下，政府批准了"中国通商银行"在上海设立一案。这是有史以来首家由国人自行兴办的新式银行，在资金的筹措上，由盛宣怀主管的轮船招商局及电报局分别投资白银八十万两及二十万两，他本人及李鸿章等官员加起来投资了七十几万两，再加上民间富商的投资，以初期总资本额共二百五十万两的规模，开始承办各项金融业务，并将于明年开始发行纸币以为民间流通之用。在制度方面，由于大清没有相关的银行法令及成规可以援引，所以一切的组织管理及营业规则，都比照汇丰银行办理。它未来也将在全国各省开设分行，以拓展营业规模。不过，目前大清国境内最具影响力的还是汇丰银行，它自一八六五年成立后发展至今，已经包揽了大部分外资银行在大清国的汇兑、商业放款、钞票发行等业务。而大清国政府的外债发行、关税盐税的存放业务，也大多由汇丰银行所经手。甚至连大清国各通商口岸的外汇市场，亦大都是以上海汇丰银行的牌价作为标准。也难怪经济学者一致认为，在大清国，汇丰银行不但有着左右金融市场的力量，还控制着整个国家的财经命脉。

康有为再组圣学会　维新刊物雨后春笋

由于康有为先前所创立的强学会已经因变法维新等言论过于极端而被清廷查禁，所以康有为只好回到南方，与唐景崧等人另行成立了圣学会。这次康有为提出了"尊孔教、传圣道、育人才、救中国"的口号，邀集了二百余位知识分子共同参与，并发行《广仁报》，以宣传变法维新、废除八股取士、鼓励国人学习新知、提倡男女平等等观念。另外，在澳门、湖南、天津等地，同属于维新一派的知识分子，也相继创立了《知新报》《湘学新报》《国闻报》等刊物，来向当地士民传达变法维新的主张。

> 这些全都是反政府的刊物。

> 全部给我回收了，看了就烦……

曹州又闹教案　德国必做文章

十月，由于山东巨野的百姓与当地的天主教教民之间发生了一些纠纷，而教堂的态度明显袒护教民，结果引发了群众的暴动。愤怒的民众冲入教堂，不但把教堂给砸了，还失控打死了两位德国传教士。分析家指出，各地之所以教案频传，其实与这些来自国外的传教士作风有很大的关系。在顺治、康熙年间来华的耶稣会传教士，正值大清国的全盛时期，所以他们的到来是代表两个对等文化的交流。但是时隔百余年之后，再次踏入大清国土地的传教士，见到的已经是由盛转衰的腐败国家，而西方各国则已经如日中天地发展起来。这样强烈的对比，使得新的传教士们多少都有着不可一世的优越感，认为大清国人唯有完全放弃传统文化及生活方式而接受上帝，才能获得救赎。而这些不受大清国法律管辖的神职人员，也不愿意他们的教民受到当地法律的约束。不过教民之中又有一些人根本并非诚心归信，而是只想利用教会力量来撑腰做坏事的家伙。他们不但为害乡里，还恣意说谎诬陷，也加剧了教民与他人之间的误会与冲突。而这次事件，虽然地方政府为了避免激怒德国，已经以最快的速度破案，并对肇事者做出严厉的惩处，但一般认为，德国政府仍会以此大做文章，来要求更多的利益。

年度热搜榜

【光绪二十四年】公元一八九八年

德军借口曹州教案 强租胶州湾九十九年

在山东曹州发生当地居民与天主教会的严重冲突事件之后，德国果然不出所料地以此作为借口，在去年（一八九七年）十月出动军队强占了胶州湾，然后又大做文章，于今年二月和李鸿章在北京签订了《胶澳租借条约》，强迫大清国政府将胶州湾租给德国九十九年，并允许德国在山东享有修筑铁路、开采矿产，以及兴办事业的优先权。除此之外，德军也得依条约所载，在胶州湾沿岸自由通行。评论家认为，自同治九年（一八七〇年）普鲁士击败法国之后，国王威廉一世在有"铁血宰相"之称的俾斯麦策划之下，统一了德意志诸邦，成立了以普鲁士王为中心的德意志帝国。到了几年前威廉二世继位时，德国已经成为中欧一等强国，并迫不及待地想要向外扩张。之前德国已经在和清廷所定的条约中享有派出舰队在胶州湾内外巡弋的权利，这次又逮到了曹州教案的借口，便毫不客气地命舰队轰击岸上的炮台，然后令陆战队强行登陆，最后再以租借为名进行实质上的强占，使得山东成为德国的势力范围。

各国瓜分出现危机 光绪急欲变法图强

在德国强租胶州湾之后才不到半个月的时间，李鸿章又在沙俄的威逼之下，于北京签下了《中俄会订条约》，将旅顺口、大连湾及附近海面，以二十五年的期限租与沙俄，并明定在租地内的管理权归沙俄所有，旅顺、大连两港除了中、俄两国以外，其他国籍的船只不得停泊。同时允许沙俄兴建直达旅顺、大连的铁路支线。而这种贪婪的气息一传开之后，各国便有如嗅到腐尸臭味的鬣狗一样争相前来啃食。在英国划长江流域为其势力范围，德国取得胶州湾，沙俄占旅顺、大连之后，法国公使也对总理衙门发出照会，自顾自地将云南、广东、广西等地划为其势力范围。不久之后，日本也跟着有样学样地照会清廷，硬将福建划为其势力范围。面临着列强即将瓜分大清国的危机，焦虑不已的光绪皇帝载湉更加强了想要变法图强的决心。而此时，由于光绪皇帝的老师，也就是兼任户部尚书的协办大学士翁同龢的大力推荐，载湉在看了康有为所提"能变则全，不变则亡；全变则强，小变仍亡"的论点，以及沙俄彼得大帝改革与日本"明治维新"的事迹后心中大为震动，已确定了非变法不能立国的想法。

新界租给英国　直到一九九七

不久前，英国政府因为商业团体要求加强香港防卫，便派香港总督麦当奴正式向李鸿章提出了租借九龙半岛的要求，并在北京签订了《展拓香港界址专条》，正式以九十九年的期限，向大清国租借由九龙界线以北，至深圳河以南的土地，以及附近的二百多个岛屿。国际情势专家表示，英国之所以会选择用租借的方式来取得这块土地，是因为对身为世界第一霸权的英国来说，租借与占领不但在实质上并没有什么差异，反而还可以避免列强有样学样，同来瓜分大清国而影响其经济利益。而另一方面对李鸿章而言，反正列强都在大清国各地租借土地，再多划一块地租给英国不但没有太大的影响，也可以来个以夷制夷，让西方各国彼此牵制。于是，这片总面积将近一千平方公里，被英国人称为"New Territories"，即"新领土（新界）"的土地，就这样落入英国人之手。而在新界入手以后，英国在香港所拥有的面积，足足比之前还扩大了十倍之多。

政府仿外发行公债　弊端丛生紧急喊停

大清政府为了偿付《马关条约》中巨额的赔款，决定仿照外国公债的制度，发行总额高达一亿两白银的"昭信股票"以筹措资金。发行的面额分为一千两、五百两、一百两三种，以田赋、盐税作为担保，年息则为百分之五，分二十年本利付清，债票则准许抵押买卖。虽然政府还特别在户部之下设立"昭信局"，以办理公债发行及偿还的所有事宜，但由于经验不足，所以在发行后很快便产生许多弊端，可以说是砸了"以昭信守"的本意，并进而遭到舆论强烈的指责。于是在公债发行半年之后，清廷也只好宣布除了目前已经认购的两千两公债以外，官员仍准继续请领认购，但民间部分则一律停办。

光绪下令变法维新
新手上路操之过急

光绪皇帝于四月二十三日颁布了"明定国是诏",宣布正式开始变法,并随即召见康有为等维新派人士。为了能够推行新政,载湉不顾守旧派的反对,大刀阔斧地裁撤了许多无用的政府部门及冗员,又谕令拥护新政的内阁学士杨锐、内阁候补中书林旭、刑部候补主事刘光第、江苏候补知府谭嗣同四人,加四品卿衔在军机章京上行走(担任军机处办事官),并将要推行新政的所有实务,都交付给这四个政治新手来操盘。于是这些维新派的精英在很短的时间内,便陆续推出一连串的新法,包括设立农工商总局、铁路矿物总局,并仿西方国家编制国家预算按月公布。同时也裁撤闲散衙门、淘汰冗官,要军队改练洋操,采用西方兵制,筹办兵工厂,添建海军。还废除了八股,改以策论取士,并派人出国留学。不过,由于领导变法的康有为过于理想化,而不知考量现实的状况,再加上光绪帝急于变法的心理,所以许多没有考虑到实际状况与可行性的诏令,便如雪片般接连发下,使得整个政府的运作完全停摆,而所有的变法措施也都沦为一纸空文。

> 我还没拿到驾照……

帝后交锋 慈禧紧握朝政人事 光绪拉拢袁帅新军

对于光绪皇帝近来一连串维新变法的动作,慈禧太后其实都一直非常谨慎地注意着。四月,翁同龢被遣回原籍,而且光绪处理过的奏折也必须在事后发慈禧阅览,感受到前所未有阻力的光绪也觉得大事不妙,因而写了一份密诏要杨锐等人想办法继续推展变法维新。并随即于八月一日召见直隶按察使袁世凯,同时将其擢升为侍郎。次日,又再次召见袁世凯,对其所练新军一事表示夸奖,并口谕其不必通过直属长官,也就是代理直隶总督兼北洋大臣荣禄便可上奏。分析师表示,因为此时北京城内已有传闻说慈禧太后将于九月天津阅兵时废去光绪的帝位,所以光绪此举,有可能是想拉拢手上握有新式陆军的袁世凯来支持自己,以便与太后对抗。但此谋是否会成功,则全看袁世凯到底是对皇帝的推心置腹点赞,还是会倒向太后的一方了。

光绪皇帝主导的维新变法在实施仅百日后便遭拦腰砍断，慈禧太后重新掌权

太后政变架空皇帝　戊戌维新百日梦醒

慈禧在获得载湉两度约见袁世凯的情报之后，研判光绪皇帝极有可能想要借着武力来夺权，于是便决定先下手为强，于八月三日要求光绪帝赶走康有为，并开始审查臣民对光绪帝的上疏。而在同一天的下午，康有为前往日本公使馆拜会来华访问的前日本总理伊藤博文，并希望伊藤能出面代为劝太后支持新政。当天晚上，得知慈禧已夺回权力的维新派核心人物谭嗣同，便急忙前往拜访袁世凯，希望袁世凯可以带兵包围太后所在的颐和园。但袁世凯当场并未给予确切的回应，只推托说等九月阅兵时由皇帝下令，一

切便可成事。另外，慈禧太后于八月初五日接到报告，光绪帝仍与维新人士过从甚密，这引起她极大的不满。八月初六，慈禧宣布训政，重新掌握政权并囚禁光绪。于是慈禧下令搜捕维新人士，被称为"戊戌六君子"的谭嗣同、康广仁、杨深秀、杨锐、刘光第、林旭等人遭到逮捕，并于八月十三日被处决于菜市口。已经逃往日本的康有为、梁启超则是遭到大清的通缉。原本想借着维新变法以强国的"戊戌新政"，在实施一百日之后正式宣告失败，一切又回到原点。

年度热搜榜

【光绪二十五年】公元一八九九年

康梁成立保皇会　主张立宪反革命

今年夏天,"保救大清皇帝会"于北美洲的加拿大成立,这个以"保救光绪皇帝、实行君主立宪、反对革命"为宗旨的组织,由维新派精神领袖康有为出任会长,梁启超、徐勤任副会长。目前仍被大清国所通缉的康有为等人,已决定将保皇会的总部设置于澳门,并计划在全球各处的华侨地区建立上百个支会,以全面性地推行其理念。虽然保皇会强调的也是推行民主制度,不过和孙文等反政府人士有所不同的是,康有为、梁启超主张的是实行所谓的君主立宪制度,也就是仍然保有大清皇帝,但必须订立宪法来加以约束,比较像日本所实行的制度。而孙文等人所主张的是更为激进的革命,也就是直接推翻大清国的统治,重新建立一个民主的国家。可以预见的是,基本论调就不同的两派,未来一定会在舆论及媒体上有一番论战。但不管结局为何,这两派的主张,都已经在中国历时数千年的帝王专制体制头上狠狠地敲了一记,将中国推向一个崭新的世纪了。

美国提出门户开放　英国人背后老谋深算

不久前美国提出了所谓的"对华门户开放政策",并照会其他列强,要求各国支持"让中国领土保持完整、主权维持独立、列强均可分享利益"三大诉求。这个提案的出现,对已濒临被瓜分边缘的大清国来说,犹如一剂救命的强心针。不过,记者深入调查发现,这个策略其实是英国在幕后所策动,然后由美国出面执行的。而深究其原因,则是英国在殖民统治了印度之后,便一直妄想着把大清国变成印度第二。只是后来在主客观因素都不允许的情况下,英国于一八五八年"亚罗号"船事件之后,便舍弃独占的想法,而改成与列强在政治上妥协以取得经济上之实质获利。但是后来因为列强先后宣布在大清国的势力范围,严重侵蚀了英国在华的商业利益,于是英国只好再改变政策,干脆不承认列强的势力范围,而改口称不否认所谓的利益范围,然后对大清国来个门户开放。但这中间还有一个问题得先解决,也就是这个议案不能由英国自己提出,因为英国自己在大清国也有势力范围,到时要是被各国反问一句香港、九龙等地要不要开放的话,那就很尴尬了。所以机关算尽的英国佬,便将这个球做给美国去接。而美国在大清国并没有划定势力范围,所以美国总统麦金莱在英国与他接触之后,便欣然同意而成就了此事。

——义和拳扶清灭洋闹山东　毓贤收编民团惹怒洋人——

由于近数十年来西方各国的教会时常因为一些误会与当地居民产生摩擦，或是借故恶意欺凌大清国百姓，早已经造成基层民众强烈的反感。所以当以"反对外国侵略、打击教会势力"为目标的义和拳于去年（一八九八年）在山东地区，在民间梅花拳教师赵三多以"扶清灭洋"的口号起事之后，便很快被群众所接受。加上许多秘密团体也陆续配合行动，不断地与西方教会及官府发生冲突，造成社会极大的震撼。虽然山东巡抚毓贤素有刽子手之称，并曾在担任曹州知府时，创下三个月内杀死一千五百人的纪录，但这次毓贤再次试图以武力镇暴，却怎样也无法完全压制住这股骚动的力量。在捕杀了好几个义和拳的领导人物，并剿灭了成百上千的人之后，乱象仍然无解。这使得毓贤也开始紧张起来，最后只好决定改剿为抚，把义和拳乱民编入由政府管理的民间团练，改称"义和团"并发给毓字大旗。毓贤此举虽然暂时让动乱得到了控制，却又意外惹恼了洋人。于是在美国公使的施压之下，清廷只好将其解职，另以袁世凯接任山东巡抚一职。

【专题报道】义和拳

大清国在中日甲午战争惨败之后，全国出现了空前的民族危机，加上反抗西方教会欺凌的声音不断浮现，使得原本隐藏在社会底层的许多秘密集会团体，有了合并的最佳黏着剂。这些团体中，赵三多的"梅花拳"练的是拳脚功夫，但他起事之后，为免拖累同门，便将梅花拳改称为"义和拳"。另外，还有刘士瑞的"大刀会"，他们练的是金钟罩、铁布衫的硬气功，传说可以刀枪不入。此外，朱红灯、心诚和尚的"神拳"则更厉害，宣称可以通过降神附体的仪式，不需要长时间练功，便可以拥有刀枪不入的金刚之身。当这些多由农工等劳动群众所组成的团体各自起事之后，虽然官府及洋人不断打压，但最后仍因仇洋的不满情绪，而越压越烈地聚集成一股惊人的力量，也就是所谓的"义和拳"。虽然有人说义和拳即为白莲教所演变的一支，但其实白莲教的组织十分严密，并有清楚的师徒关系而且立场一向反清。而义和拳则是一个组织十分松散的团体，反的是欺负大清国的西洋鬼子。在政府有意地招抚之下，成为合法民团的义和团声势也越来越大。不过评论家也指出，一般农民起事的反政府军当然是规模越大越好，最好是大到可以把政府给推翻掉，但是这次义和团的性质却转变成官办民团，政府可以吸纳的容量有限，要是受抚入团的人没饭吃，势必会转变成四处劫掠作乱的匪徒暴民，到时恐怕将会演变成失控的局面。

各国公使拒绝出席慈禧太后介绍大阿哥溥儁的庆典以示反对

捏造病情 册立阿哥　慈禧欲废光绪　列强出手反对

经过去年的帝后恶斗之后，慈禧便一心想要废去载湉的帝位，于是密令太医捏造光绪的病情，然后以此为借口以谋废立之事。但出乎慈禧太后意料的是，对于此举列强竟然立刻表示反对，并坚持派西医来为光绪治病。不过慈禧废帝的行动并没有就此放弃，今年她又授意端郡王载漪、崇绮、徐桐等人上奏请求废立。在与心腹荣禄等人讨论之后，慈禧决定将她亲侄女的小孩，也就是载漪之子溥儁过继给同治皇帝。于是在十二月二十四日，慈禧下令册立十五岁的溥儁为大阿哥，准备于即将到来的新年庆典之时让大阿哥溥儁与各国公使见面，以取得列强的支持。但由于列强早已闻知溥儁是个愚呆且不成材的家伙，为免大清国政局恶化而影响各国在华之权益，所以列强仍然表态支持光绪，甚至据闻各国公使已经决定拒绝出席新年的庆典活动以示反对。

年度热搜榜

【光绪二十六年】公元一九〇〇年

袁世凯追剿义和团民

袁世凯于去年（一八九九年）接任山东巡抚一职之后，对义和团所采取的态度刚好与前任巡抚毓贤完全相反。在他率领的新式陆军大力剿办之下，在很短的时间内便肃清了境内的义和团之乱，让山东恢复了平静。不过在清廷高层方面，因为慈禧太后之前册立大阿哥溥儁的行动受到西方各国反对，让她极度担心列强是否会强迫她退位。而这样的恐惧心理，也使慈禧太后不但无时无刻不在提防着洋人，连对一直忠心耿耿的李鸿章、

老佛爷扶植纨绔亲贵

荣禄等人也开始有了不信任感，并觉得只有和她血缘相近的亲人才不会背叛她。于是慈禧便将李鸿章下放到广州去代理两广总督，在北京则是另外扶植了载濂、载漪、载澜、载勋等亲贵来挤掉荣禄。但这几个人其实都是些围绕在慈禧身边娇生惯养、极端无知的纨绔子弟。他们在毓贤的怂恿之下，便想借着义和团的力量来巩固自己在政治上的地位。结果不但直隶的义和团声势日涨，连被袁世凯追剿的山东团民，也流入直隶与之合流。

清廷阳剿阴抚

由于义和团仇杀洋人、焚毁教堂的行动愈演愈烈，使得西方各国的驻华公使不得不向清廷提出强烈抗议，要求严加惩办这些乱民。但是慈禧太后一方面想用拳民来帮她驱逐洋人，另一方面又心虚怕洋人干涉内政，所以清廷的态度就变成了阳剿阴抚的状况。口头上配合洋人说要镇压拳乱，背地里却又出手扶植。而原本与山东巡抚袁世凯约好，要对拳民来个南北夹击的直隶总督裕禄，虽然在一开始的时候也杀死了不少拳民，但后来当他渐渐看出慈禧及载漪等高层护团的态

直隶全面失控

度转趋积极时，便改变了自己的立场，由严剿转为纵容，甚至包庇。裕禄为了讨好朝廷，还拨饷二十万两邀请义和团进入天津一同扶清灭洋，甚至还向朝廷保荐了义和团的领袖挂一品衔，乘着绿呢大轿直入总督衙门与他共商大事。这样的处理方式，使得山东的拳民大量涌入直隶，而各村镇街坊也在政府的鼓励之下纷起组团，设坛练技。到了最后，情势终于失控，拳民不但烧教堂杀洋鬼、毁铁路拔电杆，还反噬官军、占领官署，目前的情况可说是已经完全失控。

八国联军出动　拳民大闹北京

在义和团越闹越大之后，英、美、法、俄四国的军舰也于三月中逼近大沽口施压，以逼迫清廷对义和团造成的骚乱能够真的采取行动。拖到了五月中旬，再也受不了的西方各国便以保护使馆为名，由英国东亚舰队总司令西摩尔带领两千余人的八国联军，由天津往北京进发。清军闻讯后，与义和团在廊坊阻截联军并发生激烈战斗。虽然号称刀枪不入的拳民们都在敌军机枪的扫射之下变得血肉模糊，但由聂士成所率领的部队却让八国联军陷入重围之中而只能就地苦守待援。这时在北京城内由于高层下令九门大开让义和团入城，结果一下子涌入了十几万的拳民。而慈禧在观看了义和团刀枪不入的表演之后也大表赞赏，并传旨让庄亲王载勋及大学士刚毅来统一指挥这十几万人的义和团。有了太后的大力支持，拳民们在北京大开杀戒，逢洋必烧。最后搞得烈焰失控，一片火海，前门大街的四千家商铺也被焚成废墟，更造成银行歇业、市场交易全面停摆，北京城内几乎一半被夷为平地。在庄亲王府的大院前，上千名天主教信徒被杀，幸存者则逃入了使馆区和西什库教堂请求洋人庇护，而义和团随后也对西什库教堂发动攻击。由于该教堂为天主教重要据点，所以法国的北京教区主教便纠集了两千余名大清国教民，发给他们新式武器并修筑防御工事，与义和团僵持对抗。虽然此时张之洞、刘坤一等封疆大吏也对清廷频繁提醒，表示一味姑息拳民必然会导致列强为了保护传教士而出兵，而总理大臣奕劻也奏请保护外国使馆与教堂并严惩拳民，但老佛爷到目前为止，对于义和团该抚还是该剿，以及西方各国的抗议与进犯应如何因应，仍未作出最后之决定。

—联军加码攻陷天津　直督战败自尽军前—

由于西摩尔所率领的八国联军行动受挫，加上北京的使馆区又与停泊在大沽口外的列强海军失去联络，连在天津租界的各国领事馆消息也全数断绝，使得各国决定采取进一步的行动。各国军舰先以舰炮轰击大沽炮台，在解除威胁之后，第二批列强援军登陆，前往支援被义和团围困的使馆区。大军挺进之后，与清军发生激战，聂士成受伤多处仍持刀督战，最后力竭战死。联军随后攻陷了天津，直隶总督裕禄在兵败后于军前自尽殉职。不过，据记者得到的资料，此次所谓的八国联军，各国并未派出均等的人数。其中日军约两万人，俄军一万余人，英军约一万人，美军约三千人，法军八百人，而奥军只派出数百人，代表他们有参与，意大利同样也只派出少量军队。军事专家表示，联军听起来虽然吓人，但其实因为彼此之间谁也不服谁，根本没有总指挥，加上总兵力也不多，所以其实战力十分有限，可以说是只纸老虎。无奈的是大清国台面上的将领，尽是些旧式军官，或是甲午战争中被日军吓得腿软的败将，再加上义和团，战力反而比这只纸老虎不知弱了多少。

多省督抚划清界限　东南互保置身战外

在大清政府尚未向各国宣战时，两江总督刘坤一、湖广总督张之洞、两广总督李鸿章、铁路大臣盛宣怀、山东巡抚袁世凯、闽浙总督许应骙、四川总督奎俊等人，便已开始商议如何保住东南各省的稳定。等到清廷向各国宣战之后，这几个高官便立即与西方各国达成一项被称为"东南互保"的协议，宣称之前由皇室所下的宣战诏令，是在义和团胁持下的"矫诏、乱命"，所以东南各省并不会支持这一项不合法的命令，并保证在各辖区之内，绝对不会对洋人采取军事行动，而各国也不会在这些省份发动攻击。据野史称，这几个地方大员甚至已经在私底下协议，要是北京失守、太后不测的话，就要推举李鸿章坐上"伯理玺天德"大位，以撑起危局。

俄军入侵黑龙江　屠杀数千条人命

数十年来不断以各种方法入侵大清国东北的沙俄部队，在六月二十一日当天，突然无预警地出兵封锁黑龙江，不但扣留了全部的船只，还大肆搜捕大清国居民。他们在海兰泡地区疯狂屠杀百姓，造成五千多名无辜民众当场被杀或被赶入江中淹死，整个地区仅有八十人游泳过江而幸免于难。同一时间，他们又以同样手段对付黑龙江东岸的江东六十四屯民众，在杀死两千多军民之后，目前俄军已经强占了该地。

——八国联军入紫禁　太后皇帝奔西安——

在八国联军不断的进逼之下，已经无计可施的慈禧太后终于决定出逃。但她在狼狈出走之前，还有一件重要的事得做，就是下令处死吏部左侍郎景澄、太常寺卿袁昶、兵部尚书徐用仪、户部尚书立山、内阁学士联元五位之前强力主张剿拳议和，与她大唱反调的人。原本光绪皇帝载湉为了摆脱慈禧太后的控制，还请求能亲自留在北京与列强商议停战事宜，但慈禧担心列强支持光绪而架空自己，所以便坚持带着载湉一起出逃西安，只留下首席军机大臣庆亲王奕劻处理善后。据闻，慈禧在逃出北京的当天，还下令将光绪皇帝最宠爱的珍妃给推入寿宁宫外的水井中溺死。而这起事件，也令光绪皇帝悲愤不已，在身心遭受重大打击之后，光绪帝身体更不如前。到了七月二十一日，八国联军占领北京，列强也以德国元帅瓦德西为八国联军统帅并扩大侵略，到处烧杀抢掠。其中日军抢在各国之前从户部抢走将近三百万两的库银送到日本使馆中，又洗劫了户部的缎匹库及内务府仓库，夺走大量的丝绸、仓米及银两。而其他国家的士兵，则是从民间疯狂搜掠，只要看得见的都拿个精光。甚至连之前被困于东交民巷和西什库教堂的教民，也在数十位传教士的率领之下，四处掠夺。据说有一位叫都立华的长老会牧师，还占据了一整座王府，不但从中找到了三千多两白银，还拿走了府中的无数珍宝。都立华

慈禧太后在出逃当天，下令将光绪皇帝最宠爱的珍妃给推入井中溺死

事后还开心地表示说，这全都是上帝给他的恩赐，他打算把一半的银两拿来买地盖教堂，还要办个跳蚤市场把王府中的东西都拿出来拍卖。

俄军闪电入袭盛京　开出严苛赎回条件

在八国联军进占北京后不久，沙俄的军队也攻陷盛京，并占领东北的重要城市及交通要道，然后强迫盛京将军增祺签下一纸《奉天交地暂且章程》，开出了大清国要将奉天赎回的条件。据记者了解，这份协议，规定沙俄得以驻兵盛京及其他各地，并由大清国提供住房及粮食。而大清国军队却必须解散，军械则全数交由俄军收缴，炮台、营垒、火药库等一律拆毁。同时，常驻盛京的沙俄总管，将有权预闻盛京将军办理的所有重要事件。评论家表示，盛京将军被迫签下的这份协议一旦实施的话，无异于使奉天地区成为沙俄的殖民地。不过由于增祺在与俄方签约时并未获得清廷的授权，所以未来清廷在得知相关消息后，应该会将盛京将军增祺给革职查办，然后拒绝承认此项章程之效力。

郑士良惠州起事失败　　杨衢云香港遭人暗杀

革命组织兴中会的成员郑士良不久前于惠州起事，虽然在行动一开始的阶段屡败政府军，但最后仍因弹药不足而只好结束此次行动。目前政府除了已经发表强烈谴责以外，也下令追查相关的涉案人员，并表示一定要将这些破坏社会和平的坏分子绳之以法。而之前早已经遭到清廷通缉的兴中会总会长杨衢云，则是于日前被人发现陈尸于香港的寓所之中。据记者所得到的第一手资料，杨衢云是被人在近距离以手枪刺杀身亡，而所有的相关证据也显示，行凶者极有可能就是清廷所雇用的杀手。堂堂一个这么大的国家，竟然使用这种不入流的手段来除去心腹大患，实在是过于卑劣阴险。虽然清廷想借此一举瓦解兴中会的势力，但其实杨衢云在回到香港之后，已于去年（一九〇〇年）辞卸了总会长一职，而改由孙文担任。所以杨衢云的死，虽然对反政府力量造成不小的冲击，但一般认为，以孙文为中心的兴中会，仍会继续从事革命行动。

年度热搜榜

【光绪二十七年】公元一九〇一年

东吴大学于苏州成立

美国基督教会在苏州成立以培养法科人才为宗旨的东吴大学，这所学校是由上海中西书院及苏州博习学院合并而来。根据其校务规划，预计将于苏州设立文理学院，而于上海设立法学院。其中法学院的课程会采用美国大学法律系的教材，学生必须先读两年的一般大学课程，再进入法科修业三年，然后才能取得法学士的学位。

> 太后，看来现在只有推行新政才能保住一切了……
>
> 好吧……那就去推吧……
>
> ……什么是新政？

慈禧太后为了继续其统治只好下诏推行新政

老佛爷下令推行新政　外务部成六部之首

在八国联军攻入北京，给了古老大清国再一次的迎头痛击之后，仓皇逃至西安的慈禧太后为了继续其统治，已于去年十二月（一九〇一年初）下诏开展变法。今年三月，以首席军机大臣庆亲王奕劻为首的"督办政务处"成立，负责处理所有实施新政的相关事宜，并于六月将"总理衙门"改制为"外务部"，班列六部之首。而两江总督刘坤一、湖广总督张之洞也联名上呈三道奏折，全面性地对清廷提出具体的变法建议。一般认为，这三份奏折将成为推行新政的重要指导方针。

大清同意天价赔偿 双方签订《辛丑条约》

国都已沦陷于外人之手的大清国，于七月二十五日以奕劻、李鸿章为全权代表，与英俄美德日法奥意西荷比十一国在北京签订了一份极不平等的《辛丑条约》，规定大清国必须赔偿白银四亿五千万两，共分三十九年还清，创下了本息共计将近十亿两的天价。并将北京东交民巷划为外国使馆区，由各国驻兵管理，而大清国人则不准在界内居住。另外，大清国还必须拆毁大沽、北京直到渤海的所有炮台，各国则有权在北京至山海关之间的十二个据点驻军。同时，清廷还被要求严办义和团以及惩处纵容义和团的一百多名官员，然后派高层人员赴德日，为乱民杀死使馆人员一事正式谢罪。评论家表示，由于英、美两国为了自身的经济利益，力阻德法日意等瓜分派，加上李鸿章、张之洞、刘坤一三位总督，在与列强协议时，引用国际公法将大清国由交战国的身份转换成受害国，也就是提出"义和团是叛逆团体""皇帝及太后遭到挟持，宣战诏书是矫诏""洋兵是来华助剿叛逆"的论点，使大清国仅对八国联军有赔偿军费的义务，而没有让列强要求割地的借口，才让大清国逃过被各国瓜分的命运，仍旧维持领土及名义上主权的完整。不过，此议定书的签订，也使得清政府完全沦为西方列强统治大清国的工具，变成一个洋人的朝廷了。至于赔款数字的产生，据记者深入了解，其实是由英、德、

列强羞辱性地对大清国四亿五千万人各罚一两

法、日四国组成的赔款委员会所议定的。在签约之前，委员会便找来海关总税务司赫德、汇丰银行总经理熙礼尔等人，共同研议大清国赔偿的财源及能力。而在最后委员会决定采用赫德所提出的方案，将赔款转为长期债务，把四亿五千万两白银的金额，分成三十九年还清，如果连本带利算下来，总数将近白银十亿两之多。评论家表示，赫德所提出的方案，让列强可以保证收得到赔款，而大清国也免于被瓜分。对他自己来讲，由于赔款以关税作为担保，也使得他身为总税务司的身份更显重要。至于赔款的四亿五千万两，反倒不是精算出来的结果，而是列强有意让大清国的四亿五千万人口都可以感受到赔款的存在，以每人罚款一两所计算出的数字，可说是一项羞辱式的赔款。

李鸿章病逝北京　评价呈正反两极

大清国当代政坛最重要的人物之一李鸿章，于九月底时卒于北京，享寿七十八岁。在慈禧太后的指示之下，清廷也特开为汉籍大臣在京师建立专祠的首例。官至直隶总督兼北洋大臣，授文华殿大学士，负责洋务运动之推行，并多次代表大清国与外国签下好几个重要条约的李鸿章，所得到的评价可说是褒贬不一。如日本内阁总理伊藤博文（目前已第四度出任此职）就视李鸿章为大清国中唯一有能耐可和世界列强一争长短之人，美国总统格兰特还公开表示李鸿章可名列当今世界四大伟人之一，而英国维多利亚女王也曾授予皇家维多利亚勋章，甚至连慈禧太后也认为他对大清有"再造玄黄之功"。不过，也有许多人对于李鸿章签下许多丧权辱国的条约，感到十分气愤。像因塞防海防之争与其针锋相对的左宗棠，就严厉地批评他说"十个法国将军，也比不上一个李鸿章坏事"，还说他"误尽苍生，将落个千古骂名"。平心而论，由于国家羸弱，所以若把谈判时被迫接受了屈辱要求都归罪于李鸿章的话，未免过于苛责。但诸如中日甲午战争中指导方针的失误导致北洋舰队全灭，战胜法国后反而签下不利的条约，以及早期镇压太平天国时残杀太多子民等，则都是李鸿章所必须扛下的罪责。

清廷续推新政改革　废除八股改试策论

清廷于今年宣布推行新政之后，已陆续做出了许多重大的改变，包括废除了科举考试中考八股（题目只限于经书，而内容格式有极严格的规定，必须分为破题、承题、起讲、起股、中股、后股、束股、大结等段，字数限定在七百字以下的一种作文方式）而改成考策论（以当前的政治、军事、社会或国际情势等为题目的问答题）、各省建立武备学堂、书院改授新式教育、选派学生出国留学、废除溥儁大阿哥的名号并令其出宫、准许满汉之间通婚、提倡汉族妇女废除缠足恶习等。一般认为，这些政策的推出，显示政府似乎真的有推行新政的决心。但是否能够掌握住正确的方向一直坚持下去，并在国家遭到列强吞灭或是被反政府团体推翻之前达到改革的成效，才是观察的重点。

年度热搜榜

【光绪二十八年】公元一九〇二年

豪华列车盛大排场　太后风光回京

在庚子事变结束，而四亿五千万大清国百姓以每人一两的代价，换得八国联军退出北京之后，慈禧太后一行人终于在日前乘着号称现今全世界最豪华的专列回到北京。据了解，这列豪华专车，是新任的北洋大臣袁世凯，特别为了太后首次的火车之旅而定制的。当慈禧乘着火车自保定直驶京郊时，袁世凯还特别率领了文武百官在月台排班恭迎，而大清第一支军乐队也在此刻奏起了《马赛曲》（法国国歌）来恭候太后回銮，在雄壮的军乐声及惊人的排场衬托之下，搞得就好像是战胜国凯旋一样体面。不过，或许就某个层面来说，慈禧也算是打了一场胜仗，毕竟江山仍旧无恙，生活依旧奢靡，她没被洋人要求下台归政，大权仍然握在手中。至于那连本带利将近十亿两白银的天价赔款，反正也不是从她口袋掏出来的。

> 没想到在这里还可以听到我们的国歌。

> 太感动了。

慈禧太后在《马赛曲》的欢迎乐声中风光回到北京

沙俄签约允撤军　清失国防自主权

俄军在几年前（一九〇〇年）出兵强占东北之后，原本不管大清政府如何抗议及交涉，就是一直赖着不走。不过日前由于列强认为俄军长据于此，将会与各国间产生利益上的冲突，于是英、美、日等国便出面加以干涉。在巨大的国际压力之下，沙俄不得已只好于三月初与清廷签订撤兵协议，答应归还东北地区，并于十八个月内分三期撤回全部军队。不过这份协议也有附带条件，就是大清国政府以后不得增兵东北，而驻防于此的军队人数若有增减也都要知会俄方，同时还要赔偿俄方所交还的铁路价款。国际专家表示，此约的签订，是以大清国政府失去东北地区的国防自主权作为代价，来换取俄军的撤退。但由于沙俄在此处向来不守诚信，未来会不会依约撤军，还是一个未知数。

年度热搜榜

【光绪二十九年】公元一九〇三年

续推新政　商部及练兵处成立

清廷为了振兴商务并发展实业，终于舍弃数千年来重农轻商的基本国策，于六部（吏户礼兵刑工）之外又增设了"商部"，以保惠、平均、通艺、会计四个司，分别掌理全国性的商业及铁路、矿务等事。不久，又为了编练全国性的新式军队而成立了"练兵处"，其下又设有军政、军令、军学三个部门。但由于对此负责的庆亲王奕劻不懂军事，所以实际上是由协助办理的袁世凯来全盘掌握。

俄人食言不退兵　各界引发抗俄潮

原本已经答应要分三个阶段，把入侵部队撤出东北的俄军，到最后果然还是言而无信，就算已经签订了白纸黑字的协议，它还是照样耍赖撒泼。都已经过了第二梯次的撤军期限，俄军部队却仍是屁股粘得紧紧的，完全看不出有任何要撤军的迹象，甚至还另外开出了更为无理的"七项撤军新条件"。对于沙俄人这样的行为，虽然大清政府还是拿他们没辙，但民间不满的情绪再也无法压抑，目前国内各地以及留日学界都已经引发了激烈的抗俄风潮。而对于大清政府的无能，各界批判的声浪也迅速蔓延，尤其是在上海租界及日本，"革命"一词似乎已经成了最热门的话题，也蹿升到网络热搜关键词的前几名。而清廷也意识到这个严重的威胁，已经在国内各地加强缉查反政府言论。

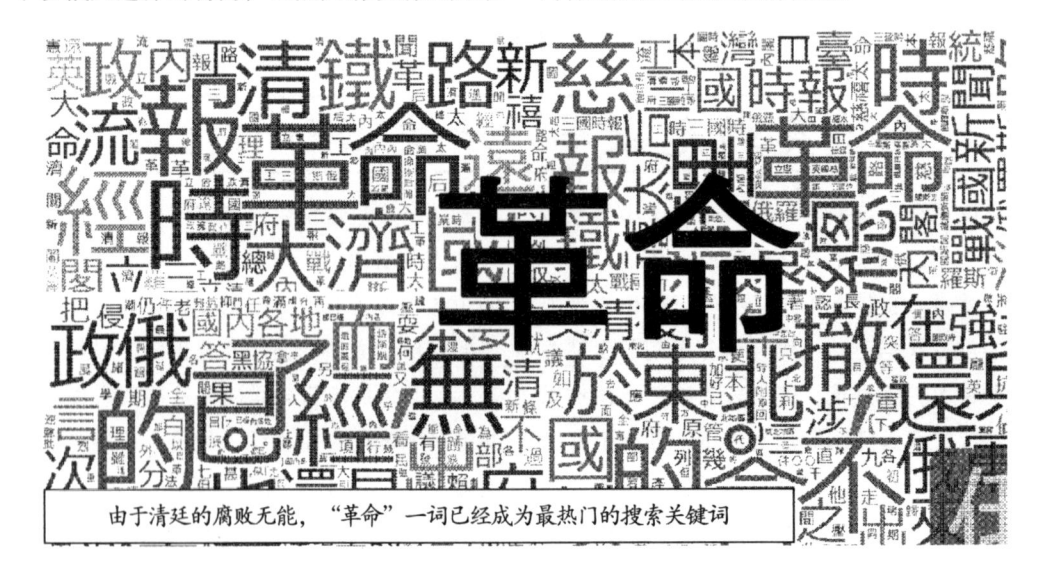

由于清廷的腐败无能，"革命"一词已经成为最热门的搜索关键词

二虎抢食东北肥肉　日俄战争无可避免

在沙俄拒绝依约自东北撤军，并又对清廷开出"七项撤军新条件"之后，外务部研判如果只单靠自己的力量，绝对无法遏制俄军入侵的意图及行动，所以在第二天便将条件的内容透露给日本驻华的外交官员。由于沙俄提出的新条件中，明显是要将各国的势力排除在外。而日本在明治维新之后国力增强，尤其在甲午战争中大败大清，已经成为东亚的霸主，也想进一步获得东北的控制权。由于双方目标相同，在利益上有着严重的冲突，所以日本在英、美的支持下，便出面与沙俄交涉，要求俄军自东北撤军。不过雄跨欧亚两洲的沙俄，说什么也不愿意和小日本分享利益，它要的就是整盘端走，所以也摆明着要用武力来解决这件事情。在谈判破裂之后，双方已经各自调动大军、集结舰队，东北亚的火药味浓得令人窒息，日俄之间的大战已无可避免。

财政岁入再创新高　赔款黑洞赤字惊人

虽然大清政府今年的财政总收入因为税收的不断加重而创下了白银一亿零五百万两的新高，总结下来，却出现了三千万两的赤字。而这中间最主要的财政黑洞，就在于巨额的对外赔款。不过，这可能还不是最糟的情况，因为据财经专家估计，接下来几年政府的赤字将会持续扩大，这不但将使大清国陷于借债养债而愈加穷困的地步，也对清廷好不容易才下定决心要推行的新政十分不利。

【科技新知】莱特兄弟试飞成功

据外媒报道，之前曾经开过印刷厂及自行车厂的莱特兄弟，在日前驾驶着自行研制的固定翼飞机"飞行者一号"，创下了离地三米，受控飞行六十一米的成功试飞记录。资料显示，"飞行者一号"的驾驶员必须以头部朝前的方式趴在下机翼的上面，通过连接在臀部的摇架，以左右移动摇架的方式来牵动缆线，进而使机翼扭曲以达到改变飞行方向的目的。虽然莱特兄弟并不是第一个进行航空器飞行试验的人，而且飞行的距离也没有很远，但他们克服了当今航空试验最令人头痛的操控问题，首创了可以让驾驶员有效操控固定翼飞机的控制系统，可以说为未来航空器的发展找到一个新的方向，让人类像小鸟一样翱翔天空的梦想成为可能。

年度热搜榜

【光绪三十年】公元一九〇四年

民风转变
各地争抢自办铁路

就在几十年前，各地的官绅百姓都还把冒着黑烟、发出巨响的火车视为破坏风水祖坟的怪兽，而不断地抗争，拒绝将铁路铺设在自己家乡的土地上。但经过甲午战争的洗礼，各界也慢慢地发现了铁路所带来的交通便利、实业发展等种种好处，于是在中央政府的鼓励之下，现在国内各界也逐渐兴起了一股建设铁路的潮流。但是由于本土资金的募集不易，所以修筑铁路所需要的巨额经费主要还是来自外国资本家的投资。而外资也利用这个机会，控制了各线铁路的管理、人事、稽核、购料等权利，并在合约中载明以铁路的所有权作为抵押，要是政府无法依约还款付息的话，到时铁路便会落入外国人的手中。也正因为有着这种种的疑虑，才使得"拒外债、废成约、收路自办"的口号在各省相继发酵，而政府及工商界也大力支持由民间自行集资，以国内自有资金独立建造铁路的想法。虽然目前各省民间自行集资的铁路公司正在陆续成立，而大清国人自行建造铁路的梦也正逐渐实现，但财经专家指出，未来是否能顺利募集到足够的资金，将是此行动成功与否的关键。

日俄军大战　日本军据旅顺

日前，日军在不经宣战的情况下取得大胜。日军不但先在鸭绿江边击破了俄军，随后在辽东半岛登陆的部队也攻陷了位于南山的俄军大本营，接着又以重炮猛轰旅顺港内的沙俄军舰，使其几乎完全失去了战斗力。在突破俄军旅顺要塞东北的防线之后，取得制高点的日军便集中火力，从山腰上使用重炮狂轰俄军要塞，并歼灭旅顺港中残存的十几艘沙俄太平洋舰队军舰。在日军发狂似的进攻之下，驻旅顺的俄军终于决定投降。双方自开战至今，俄方伤亡将近十一万人，而日本自己则是折损了将近十三万人。虽然沙俄部署在东北亚的总部队人数占有优势，但最后日本还是在伤亡惨重的情况下取得了第一阶段的重大胜利，扫除了旅顺口的沙俄舰队，取得了制海权，并准备倾全力与沙俄做最后的决战。

年度热搜榜

【光绪三十一年】公元一九〇五年

日本完胜沙俄　东北权利又转手

日军赢得了旅顺之役的重大胜利之后，又集中兵力对奉天地区的三十几万俄军继续发动攻击，最后沙俄在损失将近十二万人之后，以全面惨败收场。而原本被沙皇视为最后希望的欧洲舰队，也因为长途跋涉以及没有完备的作战计划等因素，被数量、航速、火力都占优势的日本舰队给彻底击溃于对马海峡。在美国总统罗斯福的出面斡旋之下，战败的沙俄被迫于朴次茅斯与日本签订了和约，承认日本在朝鲜所享有的政治、军事及经济上之利益，同时把辽东半岛的租借权及其他所有特权都移让给日本政府。评论家表示，日俄战争的结果，使得惨败的沙皇政府将无法逃开国内革命的压力。而日本则可望以战胜国的身份，达到修改幕末时期以来所签订的不平等条约之目标，并完全掌控大清国东北及朝鲜半岛。但是，对大清国来说，日俄战争中大量东北平民的遇难，以及日俄之间对于大清国东北权益的私相授受，也使得大清国的知识分子更加彻底地看到了大清政府的无能，更进一步强化了革命的决心。

国家觉醒　教改启动　科举制度终于喊停

在一八九八年戊戌变法的时候，维新派曾提出了改革文武科举的主张。但随着变法的失败，一切又回到原点，朝廷仍旧以老方式选用政府官员，武举甚至无视枪炮的存在，还在考着刀剑弓石。不过，在日俄战争的冲击之下，同为亚洲人的大清民众也为之一振，认为只要彻底求变，大清国仍然有希望可以重新站起来。于是舆论要求改革的呼声随之高涨，也让清廷终于下令停办延续了一千多年的科举制度。其实，在一九〇一年慈禧决定重新推行新政之后，清廷便已开始逐步改革科举制度，不但选派人员出国留学、增建西式学堂，还在去年（一九〇四年）制定了以日本教育为模式的新学制，将全国学堂分为初等、中等、高等的三级制基础教育，还把将高等小学到大学的各级毕业生，都分别授予附生、举人、贡生、进士等相对应的功名。另外，政府也开始兴办包括师范教育、实业教育、特别教育在内的职业教育。另外，为了解决旧阶段读书人的出路问题，据闻政府也将在明年（一九〇六年）公布办法，让原来已经取得功名，但因已上了年纪而无法接受新式教育的那些举人、生员等，可以有重新安排出路的机会。由政府的这些举措来看，沉睡已久的古老国家确实动了起来。不过，这是一件和时间赛跑的重大工程，到底大清国能否在完全死机、被汰换掉之前，更新好它的系统，仍是未知数。

高墙动摇　慈禧允诺预备立宪　将派专员出国考察

由于实施君主立宪制度的小小岛国日本,在日俄战争中打倒了专制的庞大沙俄,使得国内支持立宪的呼声也随之不断高涨。最后在舆论已经沸腾的情况之下,慈禧太后也不得不降旨,表示将派专员出国考察其他国家的体制,以为大清国将来的立宪预做准备。这个消息发布以后,真是大大地振奋了全国人心,各界可说都对此寄予了无限的期望。回观历史,前后两次的鸦片战争促使大清国开始推行洋务运动,甲午战争的惨败激发了戊戌变法,而八国联军所带来的震撼,则让慈禧太后态度产生了一百八十度的大转弯,促使大清国终于真正地走上了推行新政这条路。但由于之前戊戌政变时,维新分子受到迫害的阴影尚未消逝,所以官员们似乎还抱着猜疑的态度在观望。分析师表示,看来这次清廷在已无退路的情况下是玩真的了,将整个政府机构完全改制、废除科举考试、让司法权独立于行政权、建立现代化陆军、引进西方国家的财政预算制度、奖励实业保护工商等做法,都将对大清国日后的发展产生重要的影响。但分析师同时也提出警告,由于新政从根本上动摇了传统体制,将切断士绅阶层与政府之间的旧有联结,而使得政府失去社会精英分子的支持。在政府创办新式学堂、派遣留学生出洋、编练新军的同时,这批清廷赖以延续国家生命的新型知识分子,由于接受了较新的思维及观念,所以也极有可能会走向政府的对立面,成为推倒高墙的革命分子。

火车站惊传恐怖攻击　考察团官员被炸受伤

在慈禧太后允诺预备立宪之后,宗室(皇室成员)载泽、户部左侍郎戴鸿慈、兵部侍郎徐世昌、湖南巡抚端方、商部右丞(高级官员)绍英五位受命出国考察的官员,在各界的热烈欢送下,正准备从京城外的正阳门车站坐火车踏上考察之路,火车刚要缓缓驶离的时候,突然传出巨大的爆炸声响,接着浓烟和烈焰便由车厢中不断蹿出,现场也随即陷入一片混乱。而五位官员中,载泽等四人并无大碍,只有绍英伤势较重,不过所幸的是并没有伤到要害。据专案小组的调查,这次的恐怖攻击事件共造成三人

死亡，其中一名就是行凶的反政府革命分子吴樾。读书人出身的吴樾，认为清廷的新政改革只不过是其苟延残喘的手段，应当以激烈的暗杀行动来给予清廷更大的打击。于是他便改换成皂隶的衣服，带了自己私制的炸弹混上火车。不过由于土制炸弹太不稳定，所以正当他准备投弹之时，火车的震动意外引爆了炸弹。事件发生之后，大部分的舆论及媒体都不支持这样的恐怖活动，纷纷对吴樾的行为表示谴责，并向受伤的考察大臣致以慰问之意。而考察团的行程，也因此而耽搁顺延。

【科学新知】爱因斯坦发表狭义相对论

犹太裔理论物理学家爱因斯坦，于今年先后发表了六篇划时代的科学论文，提出了足以撼动现代科学界的许多理论。这些理论包括：光是由小的能量粒子"光量子"组成的，而"量子"则可以像单个粒子那样运动；高达每秒二亿九千九百七十九万二千四百五十八米的光速是一个不变的数值，没有任何物体或信息运动的速度可以超过真空中的光速；在"光速不变"以及"相对性原理"论点的基础上，提出了狭义相对论，也就是"四维时空"的概念，即时间和空间各自都不是绝对的；在"质能等价"的新观念下，导出了 $E=mc^2$ 的公式。由于这些非凡的成就及原创性的理论，使得科学界将今年称为"爱因斯坦的奇迹年"，而"爱因斯坦"与"天才"这两个名词之间，也被画上了等号。

孙大炮魅力狂扫东京　同盟会提出三民主义

今夏，日本的大清国留学界，邀请了在海外极负盛名的革命家孙文前往演讲。一向有"孙大炮"称号的孙文，在这场大会中发挥了他见多识广、口才极强的长才，硬是把兴中会南洋会员的人数增加到数十万之多，并强调美洲的千万富庶华侨多为慷慨好义之士，以及他与欧美朝野得心应手的交往等新奇的事。但除去这些煽动性的演讲内容，更重要的是孙文帮这些支持革命的知识分子规划出了一个没有皇帝的未来国家愿景，让在场的一千多名听众听得是热血沸腾。会后，孙文的魅力不但风靡于东京的两万名大清国留学生中，也对国内外其他知识分子造成了极大的影响。一星期之后，华兴会、兴中会、光复会等大小组织，便决定成立一个跨组织的中国同盟会，并公推孙文担任总理，准备于大清国境内及海外分设许多支部，广泛发动群众革命并极力争取外援。十月底，原属于华兴会的刊物《二十世纪之支那》改名为《民报》，成为同盟会的机关报。而孙文在发刊词上也正式提出包含"民族""民权""民生"在内的"三民主义"。

太荒唐！
陆军贵胄学堂成立 贵族学生荒唐至极

由于近年来军权逐渐掌握在曾国藩、李鸿章、左宗棠等汉籍大官手中，所以满洲贵族开始有了危机意识。为了牢牢抓住军队，清廷便决定成立"陆军贵胄学堂"，专门招收皇室的贵族子弟入学，以培训可以掌控部队的军官人才。而最先带头入学的便是提出此议的醇亲王载沣（奕谡之子，光绪皇帝载湉的同父异母弟），随后他的弟弟载洵和载涛也都跟着进了学堂。不过，听说这些到贵胄学堂当学生的王公贝勒或宗室子弟，根本就没怎么上课。授课的老师教官往往被他们视作奴才般呼来唤去。他们每天都要老师们派人去请上四五次，一直拖到要吃午饭的时候才会到校。来了之后便喊着上午饭，在享用了极其精美的餐点之后，便又扬长而去。偶尔有到课堂上课的根本也没在听，二郎腿一跷、身体一靠，便自顾自地唱起京调戏曲来了。将来要是把大清国的部队交到这些人手上，那可真不知道会是什么样子。

年度热搜榜

【光绪三十二年】公元一九〇六年

教士威逼　知县自刎
南昌万人走上街头　焚毁教堂击毙洋人

之前南昌地区的教会与民众之间有一些纠纷，而由知县江召棠出面帮忙协调时，因为蛮不讲理的法国传教士不断威逼江召棠在他们已经预先拟好的文本上签字，这位知县在不愿签字却又无计可施的情况下，最后选择了自刎身死。消息一传出之后，果然引起了南昌百姓极度的愤怒，数万名群众自发地走上街头，焚毁了三座教堂及一所法文学堂，并击毙包含传教士在内的十名外国人。虽然此事起因于外国传教士的无理威逼，但演变至今，又引起了各国强烈的抗议及交涉。未来政府势必通过赔钱，然后逮捕肇事的民众，才能平息列强的抗议。但是，对于百姓因政府无能，屡被外人欺压而燃起的心中之火，政府又要如何才能平息呢？

二次启动异常低调　考察团分批出国

就在沙俄抢先一步宣布要实施立宪体制之后，进度已因去年（一九〇五年）恐怖攻击事件而严重落后的清廷，也于日前分批派出立宪考察团。但为了避免重蹈覆辙，这次的考察行动可说是异常低调，而安保工作也提升了不少。其中由端方和戴鸿慈率领的"端戴团"，第一批三十三名考察人员，已由日本前往美国，并接着转往欧洲各国，主要负责考察教育、工业、文化等项目。而由载泽率领的"载泽团"，随后也启程前往日本神户参访，又到东京拜访了日本政界的重要人物，并考察了上下议院、邮局、教育、地方行政机构等。之后，"载泽团"也将按计划前往美国、欧洲继续进行考察，与"端戴团"不同的是，载泽这一团主要偏重于考察各国的政府职能，内容也较为详细，而受访各国也多派有专家讲解。

> 在炸弹攻击事件之后，考察团这次低调出发
>
> ……
>
> 嘘……快闪。

【专题报道】立宪体制

相对于大清由皇帝（现在是太后）独裁专断的君主专制，立宪体制是通过宪法的制定，来约束一个国家里面包括领导者及被领导者所有人的权利及义务。如果是像美国一样，由人民选出国家元首，并由宪法限制政府统治人民权力的，就称为共和立宪体制。而如果保留了国家的君主（皇帝、国王或女王等），但通过立宪来确立人民享有主权、限制君主权力的，就称为君主立宪制。但实际状况又有区分，像英国的君主就只是所谓的"虚君"而没有实权，权力集中于人民所选出的议会，而由议会中的多数党或政党联盟组成内阁来施政并对议会负责。日本的君主立宪体制则与英国不同，国家最高决策权仍是掌握在天皇手中，议院等只是辅佐国君之机构。但基于立宪之精神，包括天皇在内的所有国民，还是必须受到已经公布的法律约束，并不能像大清皇帝那样可以恣意妄为。未来大清国要是实施君主立宪体制的话，不管是采取哪一种方式，皇权都势必受到极大限制。而好几十年来一直紧握着权力不放的慈禧太后，是否肯就此松手，则是大清能否顺利施行改革的关键。

中英就西藏问题达成协议

英国以武力强行入侵西藏，并与西藏地方政府签下了不平等的《拉萨条约》之后，清廷便立即表示不承认此项协议，并积极派员与英国政府进行谈判。不久前，中英双方终于就西藏问题签订了《中英续定藏印条约》，明定英国承认清廷对西藏的主权，并同意不占领西藏也不干涉西藏的政治。但大清国必须承诺亦不允许其他国家对西藏事务进行干涉，并同意英国在西藏所享有的经济特权。

考察团建议仿日设责任内阁
正反两派争论不已尚未定论

清廷之前派出的考察团相继回国之后，提出了八条改革官制的建议，其中第一条便是建议撤销军机处，改学日本的责任内阁制。在建议书中，主张由总理大臣、左右副大臣及各部尚书组成内阁，在阁议决定政策之后再奏请皇帝颁旨实行。而皇帝颁布谕旨时，则需要总理大臣、左右副大臣及相关部门尚书的副署才能生效。同时建议将原来的政府机关加以裁并整顿，改成设立新的九部。但由于这样的变动幅度太大，将使得许多军机大臣及部门首长丢了工作，而他们之前贿赂买官所用的钱也将血本无归，所以引起了部分官员极大的反对。而手握新式陆军的袁世凯则是因为怕慈禧太后死了之后，光绪皇帝会因之前戊戌政变的事对其报复，所以便强烈主张成立责任内阁以限制皇权。而且按照袁世凯的推估，到时可能由和他关系很好的庆亲王奕劻接任总理大臣，而他自己则可以出掌陆军部尚书一职。但目前支持与反对两派的争论仍是相持不下，而握有终极决策权的慈禧太后则尚未做出最后的决定。

改革虎头蛇尾　　大清原地踏步

原本对于设立军机处与责任内阁的区别不甚明白的慈禧太后，在守旧派大臣的咬耳根之下，忽然发现一旦撤销军机处并成立责任内阁，所有军国大事的决策权将从自己的手中溜走，于是便果断地作出了最后决定，下令保留原有的内阁与军机处，仍将一切权力牢牢地掌握在自己手中。不过对于部门的整编方面，则同意将政府重新编制为外务部、吏部、民政部、度支部、礼部、学部、陆军部（由兵部改制并纳入练兵处）、法部、农工商部（商部吸收工部合并）、邮传部、理藩部、都察院、大理院等机构，并废除原来的满汉双尚书制的低效率领导，改成单一领导制。评论家指出，这次的官制改革，使得袁世凯的如意算盘落空。奕劻虽然仍出任外务部总理大臣，但袁一直觊觎的陆军部长一职，落入对手掌中。而从清廷所公布的十三个部院首长名单看来，七名满人、七名汉人及一名蒙古人的比例虽然合理，但实际上重要部门尚书则大多由满人出任，满族亲贵专制化的现象反而较以往为烈。此次改革可说是虎头蛇尾，完全没有新意可言。大清借着实施新政及立宪而重新振起的希望，也随着这次守旧派的得势与亲贵重新崛起而完全破灭。

慈禧为了避免权力流失，阻断了改革之路

年度热搜榜

【光绪三十三年】公元一九〇七年

东北改制　分设三省

清廷为了强化东北地区的管理，特别于日前将盛京将军一职改设为东三省总督（地方行政长官），并同时兼管三省的将军事务。而奉天将军、吉林将军、黑龙江将军的位置则予以裁撤并改设为行省，与内地一样交由巡抚治理。

天津试办独立审判 司法制度开启新元

中国封建社会的司法审判制度，一直与政治脱不了关系。在地方上，无论是老王丢了牛还是小张被殴打，不管是钱被骗了还是老婆跟人跑了，小至唱歌吵到邻居大到杀人放火，全都是由县老爷来裁决，然后再往上呈送给巡抚、总督批核。虽然重大刑案之后还会再由三法司（刑部、都察院、大理寺）复审（主要由刑部决断，但大理寺不同意时可提出异议，都察院则监督其中有无违法渎职之情事），有着层层节制的设计，但一来由于承审的知县、督抚等行政长官皆非学有专精的司法人员，二来也容易受到政治力的干预与操弄，所以在与西方的司法审判制度相较之下，就显得十分原始而没有效率了。因此，在舆论要求各方面都要大步伐改革的压力之下，直隶总督袁世凯便于天津试办了中国有史以来第一次的司法独立审判。在新的司法制度下，在天津府设立了高等审判分厅，各县则设地方审判厅，而城乡则设乡谳局。负责审判的人员也开始走向专业路线，由平时对法律有研究者、日本法政学校毕业者，或是原有官府发审各员中择优录取。一般认为，这样的改变，将对大清国的司法改革产生重大影响，让一直以来素为洋人所诟病的大清国式审案方式，终于可以迈出现代化的第一步。

> 大人，我分析了这些资料，认为罪证确凿，被告应该……

> 不不不……我分析了大老板的眼神和表情，这案子还是判无罪好了。

中国封建朝代一直没有独立的司法审判

敦煌珍贵文物竟外流　将由大英博物馆收藏

英国学者斯坦因借着学术研究的名义，竟然私运二十九箱装满敦煌文物的行李离境

> 真的没关系吗？
>
> 这都是为了学术研究啊。

一位名叫斯坦因的英国人，在英国政府的派遣之下，前往敦煌进行学术研究与考察，结果最后竟然带着二十九箱装满敦煌珍贵文物的行李离境。据可靠消息，英国政府打算把这一批偷来的珍贵文物献给大英博物馆收藏，而预计敦煌文物也将因此在西方掀起一股研究的风潮。

安徽巡抚被刺身亡　徐锡麟秋瑾被捕处死

继前年（一九〇五年）北京车站发生反政府分子的恐怖攻击事件之后，日前安徽巡抚恩铭在出席巡警学堂毕业式的时候，又遭到革命分子刺杀身亡。据调查单位指出，当恩铭到达会场时，凶嫌便在第一时间取出预藏的手枪，对着他开枪射击，恩铭当场中弹死于血泊之中。接着早已计划好的在场的许多学生，也跟着拿出预藏的武器起事。虽然一时之间情势十分混乱，但起事者没多久便被政府军镇压逮捕。第二天，开枪射死恩铭的徐锡麟立即遭到正法，而包括"鉴湖女侠"秋瑾在内的许多革命党人，也于不久后相继被捕处死。

万牲园对外开放

中国历史上第一座动物园于日前对外开放，这座位于北京广善寺的"万牲园"，收有印度象、白鹿、黑鹿、虎纹马（斑马）、美洲野牛、各式猿猴、狮、虎、鸵鸟、天鹅、鹭鸶、鹦鹉等各种兽类与水鸟，门票则为铜圆八枚，孩童及跟役半价。而除了动物园，旁边也有植物园及农事试验场，是一个十分适合全家参观的地方。

同盟会起义不断　清政府头痛万分

近几年来，不但种种批判时政、倡议新政、激进暴动的言论令清廷困扰不已，各地接连不断的革命行动也让政府应接不暇。而在这些反政府的组织中，又以孙文为首的中国同盟会最令清廷头痛。目前已经被证实由同盟会策划的行动，就有去年（一九〇六年）十月的萍浏醴（江西的萍乡，及湖南的浏阳、醴陵）起义，今年四月的潮州黄冈起义、惠州七女湖起义，今年七月的钦廉防城（广东的钦州、廉州、防城）起义等。这几起事件虽然都以失败告终，但对清廷的统治威信却已产生极大的打击。十月底，同盟会成员又袭击了镇南关炮台，据闻，孙文、黄兴、胡汉民等革命党的领袖都亲自参与了这次行动。

在双方相互交火七天七夜之后，政府军的后援抵达，革命党人不敌被迫往越南方面撤退。而在清政府的交涉之下，孙文也被越南当局给驱逐出境。不过，虽然革命事业兴起，但在革命党内部也有些矛盾产生。许多人就认为孙文、黄兴等领导人所策划的行动太偏重东南沿海，而在西南等地的起事又屡不得手，明显漠视了在长江流域的行动，因此在内部也闹起了分裂危机。最后，这些不满孙文领导方针的革命党人，便在东京成立了共进会，自称为同盟会的行动队，并制定了"红底十八星"的会旗，准备在长江中游等地伺机起事。

年度热搜榜

【光绪三十四年】公元一九〇八年

帝后最后决战？！　光绪慈禧双传病重

> 我不要……
> 还差一点点。
> 不想比老太婆早死。

根据不愿透露身份的政府高层表示，原本身体就不是很好的光绪皇帝载湉，在慈禧太后发动戊戌政变（一八九八年）将之幽禁在瀛台（紫禁城西侧苑囿的"南海"中，一座建有精美建筑且四面临水的皇室度假小岛）之后，健康状况就急转直下，现在甚至已经传出了病重的消息。清廷已经急调各地的良医入宫进行会诊。而慈禧太后这位大清国的中心人物，也听说因年事已高，已经快要不行了。目前两人之间似乎是凭着最后的意志力在撑着，说什么也不肯在这人生的最后一场对决中输给对方。

—同盟会黄兴以寡击众　革命党虽败士气大振—

同盟会的革命党人黄兴于二月时又从越南进入钦州，发起了武装起义的行动。人数仅有二百余人的反政府军，出人意料地以少击众，屡败政府军。虽然最后仍是因为弹尽粮绝而撤回越南，但由于此次的行动竟然持续了四十多天，所以已经大大地鼓舞了革命党人的士气，而黄兴本人的威名也因此大振。四月时，原本已经撤出的革命军又从越南重返，再次对清军发动袭击。不过这次清廷通过外交渠道，让法国政府介入此事，而使得黄兴等人相继被越南殖民当局拘捕及缴械，行动仍以失败告终。

庚子索款过多　美国答应退款

美国总统罗斯福于不久前向美国国会提交了一份议案，要求退还大清国超额支付的庚子赔款（《辛丑条约》所定之赔款）。而这项提案在通过之后已于今年生效，预计将分成两次来完成退赔的动作。但美国政府同时也表示，这笔大约一千一百六十万美元，将近索款总数一半的退费金额，将不会直接放进大清国政府的口袋，而是会用于资助留美学生。此案的成功，驻美公使梁诚功不可没。他在上任后掌握到美国实际出兵大清国的军费，以及在华商人、传教士的生命财产损失的总和，发现这数字远低于其在庚子赔款中提出索赔的金额。而这时刚好因为美国排华法案以及铁路的种种问题，导致了大清国国内和海外侨界都发生了大规模的拒买美货运动，对美国经济造成很大的影响，所以美国政府才会修正对华政策，改成以教育为切入点，通过奖学金的设置来培养亲美的知识分子。于是在梁诚的多方奔走交涉之下，两者一拍即合，才促成了这个退款的提案。国际情势专家表示，虽然现阶段只有美国答应退款，但这个行为一定会引起联动效应，相信在不久的将来，各国应该也会陆续跟进。

（漫画对白）
你的损失没这么多吧？
那……多拿的还你好了。
什么情况？
美国答应退还当初多拿的庚子赔款

清廷颁布《宪法大纲》　预备时间定为九年

清廷在立宪派的要求及舆论的压力之下，终于颁布了《宪法大纲》，将预备立宪的时间定为九年，预计于公元一九一六年时，正式公布宪法，并进行国会选举。不过，在这份大纲中，虽然规定了公民有纳税、当兵之义务，且在宪法和法律的范围内享有言论、著作、集会、结社的权利，以及人身、财产的不受侵犯权，但对于众所期待的议院，却只将其定位为一个咨询机构，连皇帝的人事大权也不可干预。照这样子的规划来看，皇帝的权力仍是不可侵犯，与原来的专制体制并没有太大的区别。一般认为，对立宪期待已久的知识分子与舆论媒体，对于这样一份感觉不到诚意的《宪法大纲》应该是不会满意的。预料接下来各界应该还会采取一些手段，来逼迫清廷作出修正。

光绪驾崩　慈禧仙逝　皇帝死因成谜

已受病痛折磨一段时间的光绪皇帝载湉，终于在十月二十一日驾崩。由于载湉与同治皇帝载淳一样都没有留下子嗣，所以随后清廷便发出慈禧懿旨，立年仅三岁的溥仪继承皇统，过继给同治，并兼祧光绪皇帝（溥仪以载淳继子的身份同时接续载湉的香火，并在宗庙里供奉祭祀），同时下令所有军国政事，都还要经由太后的训示才可以施行，也就是宣告慈禧太后仍将垂帘听政。只不过，在这份命令发布两个小时之后，也就是光绪死后的第二天，便传出慈禧太后的死讯。从官方发布的消息来看，光绪及慈禧两人都是因为长期生病而自然死亡，但由于两人的死亡时间过于接近，所以也引起了各界的揣测。有学者认为因为生病而走到生命尽头的两人，其实最后在比的是意志力，谁也不愿意在另一个人面前先倒下，只是慈禧最后赢得了这场比赛。但也由于光绪已死，让她放下心中大石，在紧张感消除之后，整个人也随之委顿，所以才会于第二天便跟着驾鹤西去。不过，也有不愿意透露身份的核心人士明确指出，其实光绪帝根本就是被慈禧毒死的。也就是说，光绪帝虽然长期健康状况不佳，但其实还没有到致死的地步，而年迈的慈禧在知道自己已经来日无多之后，不愿光绪于她死后重新掌握大权，于是便派人用砒霜将其毒死，要是验尸的话，一切便可真相大白。至于事实的真相到底如何，因为也没有人敢把皇帝的遗体拿来解剖验尸，所以一时之间恐怕难以查明。

—宣统继位　载沣掌权　袁世凯遭排挤暂离政坛—

十一月九日，清廷为年仅三岁的宣统皇帝溥仪举行了登基大典，先后在中和殿与太和殿接受领侍卫内大臣及文武百官的叩拜。但因为正值先帝光绪与慈禧太后的国丧期间，不能奏乐，而年幼的溥仪又哭闹不停，所以原本应该是非常庄严隆重的登基大典，就在哄乱之中草草结束。甚至还有传闻说，摄政王载沣（溥仪生父）在典礼中为了哄小皇帝，还一直跟他说："马上就完了。"而这句话很快便在宫外传了开来。就在国家飘摇的动荡时刻冒出这么一句话来，还真的是有点大触霉头的感觉。不过，皇室发言人也已经出面表示一切都是杜撰，也呼吁各媒体不要再传播不实的消息。不管载沣有没有讲过这句话，但他为了巩固自己的权位，在上台后就把手握北洋军权的袁世凯排挤掉可是事实。而袁世凯在奉旨开缺回籍之后，则可算是暂时远离了政治核心。不过分析师认为，袁世凯虽然离职，但由于久居要位，在朝中羽翼已丰，北洋军中的将领也多是他手下出身，所以对于政局仍有一定的影响力，只要一有机会，他一定还会东山再起。

年度热搜榜

【宣统元年】公元一九〇九年

粤汉铁路问题引发地方乡绅富商不满

在认识到铁路所带来的便利及经济发展后,虽然全国各地都开启了修建铁路的风潮,但资金的取得仍是最困难的问题之一。十几年前,广东、湖南、湖北的乡绅就提出了由民间自行集资来修筑粤汉铁路(广东广州至湖北汉口)的计划。时任湖广总督(地方行政长官)的张之洞虽然同意修路,但认为光靠民间集资无法筹措足够的资金,于是便奏请清廷同意以"官督商办"的方式来办理,由官方出面向外商银行借款,再交由民间经营管理。但是当负责督办铁路事务的大臣盛宣怀在通过驻美公使向美商借款四百万英镑时,美国方面却要求于合约中载明在大清国尚未还清借款的五十年之内,铁路的管理权为美方所有。而签约之后,美方又不断地拖延执行,甚至还将三分之二的股份私自卖给了比利时。美商的种种行为,不但引起了地方乡绅的不满与反弹,更引发了国内外一阵拒买美货的行动。在舆论强烈要求废除合约并收回路权的呼声及压力下,张之洞最后以六百七十五万美元的高价赎回了路权。原本张之洞答应让广东、湖南、湖北的乡绅富商各自筹款,然后分别兴建各自的路段,但在不久前又以商股筹集不易为理由,径自宣布改为由官方向德、英、法三国的银行团借款五百五十万英镑,而民间资金的部分则只能认购部分的股票。由于这中间牵涉极大的商业利益,所以已使得各地乡绅骂声不断,未来是否会掀起更大规模的反抗浪潮,是值得观察的。

各省代表建请速开国会 请愿遭到清廷明确拒绝

各省于九月初才刚选出的咨议局,在江苏省咨议局议长张謇的发起与联系之下,都在日前派出代表前往上海集会。在十六省代表前后开了六次的会议之后,决议建请清廷尽快召开国会,并于十二月初由二十多名代表赴北京都察院呈递《速开国会请愿书》。请愿书中明白建议清廷速降谕旨,颁布议院法及选举法,并于一年之内召集国会。但当请愿书送上去之后,都察院一反行事拖拉的常态,极有效率地在不到半个月的时间便给予了非常明确的回复,直接拒绝了此项建议。评论家认为,由于召开国会、改造政府一事几乎已成为众所期待的目标,政府选择不听人民的声音,将导致执政者与民意的严重背离,造成国家内部更大的分裂。而各省咨议局的代表们绝对不可能就此收手,一定会更进一步地对政府施加压力。

年度热搜榜

【宣统二年】公元一九一〇年

广州新军起事造反　统治工具竟助革命

大年初三那天，当所有人还在欢庆春节的时候，广州的部分新军士兵突然起事，并与官兵一直缠斗至深夜。据了解，原本大清国砸了大钱，费尽心力训练，打算用以维系政权的新式陆军，在同盟会的渗透之下，竟然有许多士兵都已经投入了反抗政府的行列。在黄兴、胡汉民、汪精卫等人的策划之下，由新军排长倪映典所率领的这个组织原本预定于元宵节当天起事，但在除夕当天，因为有部分新军士兵与商家发生了小小的购物纠纷而引起警方介入，结果竟意外地演变成新军与警方的严重冲突，部分新军士兵更于大年初一携械入城打算报复。两广总督袁树勋在闻讯后研判新军军心不稳，便借着集合训话的机会暗中收缴了其子弹，并宣布禁假以防生事。但愤怒的士兵们事后仍是冲进了军械房取出了军械及子弹，并在初三这一天发起了攻击行动。只是这次政府军早就做好了准备，在有利的制高点发炮轰击，把三千名起义军打得七零八落。之后官军代表又来到阵前，假意有事要与起义军领袖磋商。倪映典因来者一位是安徽同乡，另一位又曾加入过同盟会，便以为对方是来磋商反正事宜的，于是便独自一人来到阵前。谁知这一切都是官军设下的陷阱，倪映典就这样被清军突袭而死。之后起义军由于失去领袖而陷入混乱之中，战到深夜终因子弹用尽而溃散。第二天，清军四处搜剿并逮捕了一百多名参与者。评论家认为，这次广州新军之役虽然还是以失败收场，但其实已经对民心产生了巨大的影响。它证明新军这个政府赖以维持统治的工具，竟可变成一股造反的力量，这让许多原本不看好革命的人，也看到了革命或许会成功的一点点曙光。

谋炸摄政王行动未遂　汪精卫被捕终身监禁

不久前政府破获了一起恐怖袭击案件，并逮捕了执行此项行动的同盟会成员汪精卫。据了解，与汪精卫同伙的七人组成了一个以摄政王载沣为目标的暗杀团，企图在载沣往来必经的一座小石桥下埋设炸药。只不过任务尚未完成即被人发现，在警方调查之后汪精卫也遭到逮捕。原本载沣有意将其处死以泄心头之愤，而自认难逃一死的汪精卫也在狱中写下了"引刀成一快，不负少年头"的激昂词句。但在民政部尚书善耆的劝说之下，载沣改变心意，将汪精卫改判为无期徒刑，成为革命党人被捕之后竟能逃过一死的特例。

米价高涨民不聊生　　各地发生民众骚动

湖北地区由于近两年来水患严重，奸商又囤米居奇，导致米价竟然高涨了三倍之多，甚至还传出多起民众因没钱买米而投水自尽的新闻。民众于是请求地方政府将官仓的存粮用平价售出以平稳粮价，但遭到官府的拒绝，从而引发了长沙民众的激烈反抗。这些愤怒的民众不但焚毁政府办公室，还直接动手抢夺米店，并捣毁了教堂、邮局等处所，让整个城市陷入一片混乱之中，一直到五天之后才渐渐地平静下来。但可不是只有湖北地区的百姓日子不好过，山东莱阳地区不久后也出现了因知县私增捐税与劣绅侵吞社仓积粮引起的乡民不满的状况。一开始乡民的诉求只是政府清算账目并免除苛税，但官府表面上假装安抚，私底下却向上级申请调兵镇压，终引发了数万人的大规模民变。在山东巡抚命新军前往镇压，杀死了一千六百多名抗议人士之后，才总算把事情给压了下来。

投资公司吸金卷款数千万两
橡胶类股崩盘　　上海金融大乱

近日来，上海股票交易市场的橡胶股价格重挫，进而造成许多砸下重金的大型商号也因受到牵连而纷纷倒闭，并引起当地金融市场的极度恐慌。政府在介入调查之后发现，今年再度席卷上海股市的这场风暴，是有英国籍的股票商人在上海设立了空头的投资公司，然后不断哄抬橡胶股票的价格，并诱骗许多商人疯狂抢进所造成的。许多眼中只看到钱超级好赚的商号及投资客，便纷纷把资金全都疯狂地投了进去，甚至有些钱还是去借贷而来的。最后这家空头公司在吸饱了资金之后，便卷款数千万两白银潜逃出境，回英国享福去了。由于这件事的影响层面实在过大，为了避免整个上海金融体系就此崩解，连政府也不得不出面向汇丰等外国银行先行垫借了六百五十万两白银作为应急之用。俗话说得好："你要贪人家的利，人家可是等着要吃你的本。"呼吁投资大众不要轻信那些投资公司的美丽谎言，钱如果真的那么好赚，他们自己赚就好了，哪能轮得到你呢？

摄政王载沣在巨大的民意压力之下，终于点头答应缩短立宪的时间

民意沸腾　清廷松口　国会将于宣统五年召开

在"国家请愿同志会"的努力之下，各省咨议局的代表们第二次前往北京，为先前已经遭到清廷否决的"速开国会"一事继续努力。这一次的声势可说是更为浩大，光代表就有一百五十人之多，还另外征集了三十万人的签名。可能也因为见到了群众觉醒的力量，所以这次都察院并没有加以为难，而是立刻将请愿书代为上交清廷。不过政府高层仍认为要是此例一开的话，恐怕以后百姓将群起效尤，有事没事便来请愿，到时朝廷威信必将荡然无存，于是便以更为严厉的语气驳回此议，并下令不得再行渎请。但请愿代表并没有因此而放弃，反而决定再发起更大规模的活动，征集更多的签名，同时以遍地开花的方式，各省同步进行再继而向中央施加压力。最后，这个策略果然奏效，国外各地的华侨更是纷纷致电表示支持请愿活动，而媒体也大肆谈论，使得"召开国会"成为最热门的讨论话题。由于舆论的一面倒，再加上各省成千上万的群众上街游行，动不动就数十万的签名支持，令各省督抚长官也不得不公开表态支持。在排山倒海的压力之下，清廷也终于决定让步，摄政王载沣只好宣布将原定为九年的预备立宪期限缩短三年，改于宣统五年时就召开国会。虽然政府这次总算是做出了比较正面的回应，让国家民主化的进程往前跨进一大步，但也有政治评论家指出，加速改革固然是好事，但立宪是一件工程浩大的根本大事，就连欧美等国也是经过长时间的酝酿及修正才走向民主之路。今天因各界民意沸腾，短短几年的时间是否能真的让已经实施了几千年君主专制的中国准备好，实在是令人担心的事。毕竟要为国家选择一条怎样的道路，是必须稍微沉淀一下，好好思考的。

年度热搜榜

【宣统三年】公元一九一一年

中央实施责任内阁制　　皇族成员过多引挞伐

清廷在各界强大的压力之下，终于在日前颁布了《新订内阁官制》，开始实施全新的"责任内阁制"，以原任首席军机大臣庆亲王奕劻（皇族宗室）为新内阁总理大臣，而旧有的"内阁"及"军机处"则同时予以裁撤。新的内阁将由十三名国务大臣组成，除了总理大臣及协理大臣（高级官员）那桐（原任军机大臣，满籍）、徐世昌（原任邮传部尚书，汉籍）以外，分别由梁敦彦（汉籍）出掌外务部、肃亲王善耆（皇族宗室）为民政部大臣、载泽（皇族宗室）为度支部大臣、唐景崇（汉籍）为学部大臣、荫昌（满籍）为陆军部大臣、载洵（皇族宗室）为海军部大臣、绍昌（觉罗，即皇族远亲）为法部大臣、溥伦（皇族宗室）为农工商部大臣、盛宣怀（汉籍）为邮传部大臣、寿耆（皇族宗室）为理藩部大臣。只不过这份名单一公布之后，便引发全国一片哗然，更被讽刺为根本是个"皇族内阁"。因为在十三位阁员之中，满洲贵族就占了九人，其中的七个人还是皇族，而汉籍官员竟然只有四个，而且都被安排在影响力不大的部门。评论家表示，虽然这批皇族阁员有许多是兼具学识及实务经验，政治立场也相当开明，甚至可以被归类为改革派，但是这样的满汉阁员比例，社会反响普遍不佳，使得阁员本身的优点变成毫无意义。不论考量为何，推出这样的内阁名单已经在政治上犯了极严重的错误，将让以反清为宣传重心的革命党人得到更有力的正当性，使得许多原本支持立宪的缓和改革派，在失望之余转而支持较激进的改革方式。对于手中握有实权的地方督抚大员来说，原本可以直接向皇帝奏事的权力被剥夺了，而像被降级般变成由内阁统辖各省。这种失落与不满的感觉，也极有可能在不久的将来对中央政府进行反噬，而让这个愚蠢至极的内阁人事付出沉重的代价。

内阁第一号令 铁路收归国有

之前各省由国人集资成立的多家铁路公司，都因为资金募集的成果不如预期，使得集资和兴建的速度都过于缓慢，而导致各线完工的日子可说是遥遥无期。就以川汉铁路（四川成都至湖北汉口）为例，要是以现在的速度继续进行的话，恐怕得等一百年以后才可以通车。但是反观京汉（北京至汉口）、沪宁（上海至南京）、汴洛（开封至洛阳）等由外资兴建的铁路，在充足的资金以及成熟的技术支持下，早就已经陆续完工。

这使得中央政府陷入一个尴尬的局面，要是继续支持国内合资商办铁路的话，那对整个国家的建设发展来说是极其不利的。不过要是为了有效率地完成铁路建设而将铁路收归国有，则又势必会激起国内强烈的反对声浪。但再怎么两难，政府还是得作出最后决策，也就是在这种情况下，邮传部大臣盛宣怀便于新内阁成立的第二天，发布了内阁的第一号令，将铁路全部收归国有，改成以举借外债来兴建。

公义？私利？四川铁路亏损严重　保路组织对抗政府

中央政府要将铁路全部收归国有的命令传至各省以后，湖北、湖南、广东、四川等地的反对声浪四起，已经投入大量资金在铁路事业的士绅富商们，纷纷以各种方式要求政府收回成命。虽然在地方政府的强力介入之下，两湖地区以及广东的保路运动已经逐渐被压制下去，但在四川情况却似乎有愈演愈烈的趋势。此时代理四川总督职务的王人文，在群情汹涌的压力下勉为其难地代为上奏，请求中央政府暂缓接收。在中央一阵严斥并将请愿驳回之后，川汉铁路的股东、咨议局议员，以及各界的代表便成立了"保路同志会"，要求一定要把原来的所有股本退回。据记者深入了解，其实此次邮传部大臣盛宣怀和英法美德四国银行团所签订的巨额借款修路合同，无论是利率、抵押条件还是管理权等方面，和以前的合同相比，都已经是对大清国有利得多了。而四川商绅之所以反对，无非还是因为股本难以索回而生怕血本无归的问题。因为在清算过后，对于湖南湖北的铁路股权，邮传部会照本发还，广东的部分则是发回六成，其余四成发给无利股票。但四川铁路公司因为自己内部经营不善，又有公司经管人员挪用公款炒股而亏空数百万两白银，所以只能把公司现在仅剩的七百万两白银拿来发还给股东。股东们不愿承担这项损失，所以便以反对铁路国有为手段，要求政府发还所有的股本。但站在盛宣怀的角度来看，政府根本不可能把全国百姓缴纳的税金，拿来补偿私人公司因为经营不善而导致的亏损。目前保路团体与政府之间尚未取得共识，未来是否会演变成更激烈的冲突或抗议事件，记者将持续追踪报道。

黄花岗起义黄兴领军　七十二烈士成仁

三月二十九日傍晚，在黄兴的指挥之下，一百多名同盟会的革命党人攻入了位于广州的两广总督衙门，但在大批的政府军后援部队赶到之后，起义军便因寡不敌众而转为激烈的巷战。据了解，黄兴等人原本是想要生擒两广总督张鸣岐，再逼他让辖下的官兵倒向革命阵营的，但后来让张鸣岐给逃走了。而由于革命党人内部一些联络上的问题，原本应该有八百余人的敢死队只到了一百多人，一开始要兵分十路的计划也一再修改，到最后只有黄兴这支部队发起主攻。在敌我悬殊而得不到接应的状况之下，经过彻夜的交火恶斗，革命军伤亡惨重，再次以失败收场，而黄兴奋战到最后也只是侥幸脱险。这次遇难的八十几位革命党人，几乎都是知识青年，都是同盟会中的骨干精英。虽然此役同盟会折损诸多党内优秀人才，造成革命事业的严重断层，但这些年轻人在革命行动失败多次的绝望之余，以自己的血肉生命所唤起的觉醒，相信将会掀起国内革命的高潮。而事后革命党人在各巷弄间收殓牺牲者遗骸时，因为只找到七十二具血肉模糊的尸体，所以也准备以"七十二烈士"的名称，将这些人安葬在城东的红花岗（后改名为"黄花岗"）。

政府强硬收回铁路　成都引爆流血冲突

由于在四川铁路收归国有的这个争议上，中央政府和民间一直迟迟未能达成共识，而邮传大臣盛宣怀便径自派人强行接收了川汉铁路（四川成都至湖北汉口）宜昌至万县段的工程。此举意外引爆了四川民众的愤怒，在"保路同志会"的动员之下，成都地区展开了大规模的罢课、罢市行动。而为了强调抗争的合法性，抗议民众在士绅的授意下，纷纷捧着光绪皇帝的牌位，并在旁边写着光绪曾经颁布的上谕"川路仍归商办"等大字走上街头。在成都骚动的消息传开之后，四川各地也陆续跟进，最后演变成全省抗粮抗税的行动，甚至还有些地方的群众失控，出现多起捣毁巡警局的暴力事件。中央政府在闻讯之后十分愤怒，立刻下令将处理不当的王人文解职，并调来赵尔丰代理四川总督一职，以镇压这场抗议行动。在清廷高层的压力之下，赵尔丰先行诱捕了保路运动的几个领袖人物，接着又贴出聚众入署者格杀勿论的告示，企图以此来压制动乱。但没想到这种恐吓手段竟然失效，上千个手捧光绪牌位的群众依旧将总督衙门围得水泄不通，群众激动的呼喊声更是不绝于耳。对此已经束手无策的赵尔丰，最后竟然真的下令卫队向手无寸铁的民众开枪。就在现场群众陷入混乱与恐惧之时，马队又紧接着出来野蛮地驱散民众，使得许多无辜百姓惨死在马蹄之下。据现场的记者初步统计，在这次残忍的血腥镇压事件中，有五十多位民众遇害，年纪最小的一位只有十三岁。

水电报效果惊人
革命者重重包围成都　端方率领湖北新军入川平乱

在"成都血案"发生之后，部分同盟会的成员便在一百多片木板上写上"赵尔丰（四川总督）先捕蒲、罗诸公（保路同志会领袖），后剿四川各地，同志速起自救"的语句，再用油纸包好投入江中，以这种"水电报"的方式，将这个政府血腥残杀百姓的消息在很短的时间内传遍了四川各地。于是各地的保路运动参与者及革命党人纷纷采取行动，在几天之内，由各地蜂拥而至的革命者人数已经达十几万，并将成都给团团围住。而陷入重围之中的赵尔丰虽然已经将蒲殿俊、罗伦等人给放了出来，但情势依然没有好转。加上四川的部队也明白地表示了不再接受这种把枪口对准无辜百姓的镇压命令，也让当地的情势濒于失控边缘。清廷在得知四川闹出这么大的事之后，便将赵尔丰解职，另以端方代理四川总督，并率领湖北的新军入川平乱。

政府军紧急调防四川　革命党湖北蠢蠢欲动

据记者所得到的第一手消息，政府在各地所练的新军之中，被革命党人渗透的情形十分严重，像同盟会在湖北新军士兵中发展出来的革命组织文学社（其实与文学一点关系也没有），听说成员已经达到三千多人。也就是说，在湖北新军中，有三分之一的人都是反政府的革命党。而由于政府为了镇压四川的动乱，已下令部分的湖北新军随代理四川总督端方入川，使得湖北地区的防备出现漏洞，所以不久前文学社的领导阶层便与共进会的成员秘密会商，共同推举文学社的蒋翊武为军事总指挥，共进会的孙武为军务长，并决定在八月十五中秋节那天联手起事。但湖广总督瑞澂在听到"八月十五杀鞑子"的传闻之后，也采取了紧急应变措施，下令将部分新军调转防区，以拆散革命党在部队中的力量，同时下令让部队提前过节，然后在中秋实施戒严，所有士兵不准外出，子弹则全数入库。到了八月十五当天，只见明月高挂，但革命党人并没有任何的行动，武昌城内反而是格外安静。据可靠消息，极有可能是新军调防的动作已经打乱了革命党在部队中的指挥系统，所以起事的日期已经向后推迟了。

辛亥革命取得首胜　十八星旗武昌飘扬

　　八月十九日，也就是西洋新历十月十日晚间，一声枪响划破了寂静的夜空，湖北新军中的革命党人终于采取了行动，再一次以生命去冲撞大清国。此时，驻守武昌的各营革命士兵纷纷冲出军营，第一时间便往军械库及战略要点奔去。由于各部队中都有为数不少的革命军，所以行动在一展开之后便如滚水沸腾般，一发不可收拾。抢得军械、大炮的革命军陆续集结，在很短的时间内人数便已暴增到将近四千人。而政府军因为分散在各个驻地，所以真正可以和革命军对抗的大概只有总督衙门及附近第八镇司令部的两千名士兵。人数上取得优势、士气正旺的革命军，在已起事的炮兵部队同志的强力支援下，对政府军发动了猛烈的攻击。凌晨时，革命军拿下了第八镇司令部，并在第二天天亮时攻陷了总督衙门，然后在武昌城中升起了一面"红底十八星"的共进会大旗。至于湖广总督瑞澂，以及各级文官武将，一看苗头不对便早就逃之夭夭了。虽然革命党人在多次失败之后终于起义成功，但分析师也点出了一个问题，就是这批以新军为基底的革命党人虽有战斗力，却因参与者的官阶都太小，可能会面临有兵无将的窘境。到时要由谁来继续带领整个行动，主导者又能否继续坚持革命党人的初衷，是否会有投机政客前来窃取民主的初熟之果，种种的问题，可能是有志者在庆祝武昌起义成功的同时，所必须深思的。

计划赶不上变化！ 武昌起义最终成功

据了解，这次革命军的起义其实并不在原本的计划之中，原计划经过多次变更。在起义的前一天，共进会的孙武等人在汉口租界内的一间民宅制作炸弹时不慎爆炸，在孙武被送往医院急救后，其他来不及撤离的革命党人以及旗帜、文告与党员名册等，则被赶至的俄租界巡警所查获，随后全部移交给大清国官方。于是湖广总督瑞澂下令全城实施戒严，并依名册开始搜捕革命党人。在如此危急的情况之下，起义行动的总指挥蒋翊武与其他领导人便决定在当晚十二点，听南湖炮队鸣炮为号，届时所有的组织在同一时间起义，让政府军猝不及防。但不久后，这个聚会点被官军所查知，除了蒋翊武惊险出逃以外，还在现场的其他数人皆被逮捕处死。失去指挥系统后，开炮的命令也因城内戒备森严未能送达炮队手中，使得潜藏在各部队的革命党人一直等不到起义的那一声炮响。第二天，官军继续进行搜捕行动，又陆续有数十名革命党人被逮捕。如此紧迫的压力，逼得基层的革命士兵逐渐按捺不住，他们在寝室中以白巾缠臂，并手持枪械随时准备行动。这时，又刚好被一个前来查房的排长当场撞见，在排长上前强要士兵缴械并发生扭打的同时，一旁的士兵情急之下便向排长开了一枪，排长挣扎着负伤逃走并企图回去通报上级。附近营房的副班长熊秉坤听到枪响后赶到，便当机立断宣布起义，号召所有革命党人迅速行动并抢占了军械库。但由于熊秉坤的军阶实在太低，所以他便另推了队官吴兆麟担任临时总指挥。这次的起义与之前孙文、黄兴所组织的会党或学生行动不同的是，这批新军中的士兵可都是受过军事训练的职业军人，所以在采取行动之后，便很快取得了优势，进而夺下了武昌。

> 孙先生，革命成功了，您快回国吧……

武昌起义的成功，连在海外筹款的孙文等人也感到意外

清廷取消发禁

清政府在日前发布一道命令，允许官民可以自由剪发。这条自八旗铁骑入关后，就一直留在大清国人头上的辫子，终于随着清政府的逐步崩解，而一同消失在时代的洪流之中。

黎元洪发抖中被拱任都督 革命成果遭政客轻松夺取

革命军在武昌起义之后成立了所谓的"中华民国军政府鄂军都督府",宣布改国号为"中华民国",废除宣统年号改用黄帝纪元,将宣统三年改为黄帝纪元四六〇九年,并公推之前在新军中担任协统(军事指挥官)的黎元洪出任都督。不久,黎元洪又与咨议局的议长汤化龙等人商议,并在祭天大典之后宣布了军政府的组织名单。但据记者所得到的内幕消息,其实在一开始革命军打下总督衙门时,因为当初起义的领导阶层多已被捕或下落不明,所以急需公推一位较有威望的人出来组织新政府以稳定局势,于是他们首先便找上了湖北咨议局的议长汤化龙。但由于当时情势尚不明朗,所以汤化龙表面上表示支持革命,但以自己不是军人,不知用兵为借口给推掉了。当时因为总督、提督、统制全都跑了,留下的人里面就以躲在师爷家中避难的协统黎元洪官阶最高,所以起义行动的临时总指挥吴兆麟等人便把躲在床底下发抖的黎元洪给一把抓到了咨议局。当他得知革命军要他出头担任军政府都督时,还吓得直说不要害他,怎样也不肯在安民告示上签下名字。最后在场的士兵们实在是看不下去了,也不管他同不同意,便拿起笔来替他在告示上签下了"都督黎元洪"等几个大字。只是,随着武汉三镇(武昌、汉阳、汉口)全部落入革命军手中,情势一片大好之后,黎元洪和汤化龙等人忽然之间又变成愿意和大家同生共死的革命者。更荒谬的是,在后来他们所宣布的军政府组织中,除了军务部长孙武以外,其余的六部根本都是黎元洪的部属和汤化龙的亲信。而革命党人抛头颅洒热血所换来的成果,便这样被这些没有立场、没有理想的政客给轻松拿走了。

北洋派将领死命效忠　袁世凯出任内阁总理

革命军在武昌起义成功之后,这股灼热的风潮很快便席卷全国各地,令清廷产生了随时会被推倒的危机感。为了能尽快压制湖北的革命军,中央政府目前所能倚靠的力量就只剩下北洋军团。但这中间还有一个问题,就是虽然这支部队拥有最新式的武器及最强的战斗力,但由于主要将领都是袁世凯的旧部,所以陆军大臣荫昌根本指挥不动他们。而随着情势的急剧恶化,内阁总理大臣奕劻及协理大臣那桐、徐世昌等都一致主张应该重新起用袁世凯才能控制住局面,于是摄政王载沣便任命袁世凯为湖广总督,带领北洋军南下镇压革命。但这样的动作依然阻止不了反抗政府及要求尽快立宪的浪潮,甚至连军方也开始对清廷施加压力。最后清廷也只能走上解散所谓的"皇族内阁",并由袁世凯出任内阁总理大臣来组阁的这条路了。

革命现骨牌效应　十五省宣布独立

在湖北成立了"中华民国军政府鄂军都督府"之后，国内各省便有如骨牌效应一般，在不到两个月之内，内地十八省之中有十五个省都陆续宣布独立，使得目前仍表示继续效忠大清朝廷的只剩下甘肃、河南、直隶三省。政治评论家表示，在这种动荡飘摇的时代，各省的督抚大员本来就一直抱持着观望的态度，在不断地审度时势，随时准备倒向对自己最有利的那一方。尤其在山西巡抚陆钟琦惨遭革命军斩首、西安将军文瑞被逼投井自杀、代理四川总督端方被手下哗变的新军杀死之后，与当地的咨议局成员合作，倒向反政府的一方似乎也成了活命或延续政治生命的唯一机会。至此，可怜的清廷已经没人理会，时局形成以袁世凯为首的北洋集团，与南方联盟相互对峙的局面了。

袁氏架空清廷　南北展开协商
南京自推孙文为临时大总统

袁世凯挟着北洋军锐不可当的火力，一举攻克了汉阳，在对南方联盟形成极大的压力之后，袁世凯却又按兵不动，使得整体局势陷入僵持对峙之中。据悉，南方联盟已经派人与袁世凯私下进行接触，并开出了让袁世凯出任大总统的条件。而袁世凯方面也利用这种情势，将载沣逼下了摄政王的位置，更让自己的人马控制了北京城，完全架空了皇室，大有取而代之的味道。但同盟会的成员不甘心就这样眼看着袁世凯登上大总统之位，便于十二月底在南京召集各省代表，选出孙文为南京政府的临时大总统，并于公元一九一二年一月一日宣誓就职。不过到目前为止，各国皆没有承认南京临时政府的合法性，甚至连孙文自己也致电给袁世凯，表示因东南各省久缺统一的中枢机关，自己只是暂时担任临时总统一职，只要清帝退位并实施共和体制，便会共举袁世凯登上大总统之位。

同盟会抢在袁世凯之前就推举孙文就任临时大总统

大清历经十二朝的统治，终于在溥仪退位之后正式画下句点

宣统皇帝退位　大清王朝终结

在军事上已取得优势的北洋军，不但不急着与黎元洪等人决战，还反过来以全体将领的名义向大清政府发出了电报，宣称军情紧急，请求王公大臣们捐献私财、毁家纾难，以共克时艰。但政治评论家指出，这个动作其实是袁世凯用来压制清室主战派的手段，因为他知道绝不可能会有人真的愿意把自己的家产捐出来打仗，既然不拿钱的话，那主战的大臣当然就得乖乖闭嘴。接着，袁世凯又说服了庆亲王奕劻提出《皇帝退位和民国政府优待清室条例》，内容包括清帝尊号仍存不废、每年由中华民国政府拨给皇室经费白银四百万两、清帝仍可暂居紫禁城、宗庙陵寝永远奉祀、宫内所有执事人员可照常留用等项。而袁世凯也亲自上奏隆裕太后（光绪皇后，非溥仪生母），说自古无不亡之国，若大清皇帝此时退位的话，仍能保持尊号、享受岁费。在清廷尚未对此做出明确回复的时候，同盟会便先一步采取了暗杀的行动，企图一举炸死袁世凯。只不过炸弹引爆之后，仅炸死了他的侍卫长等十人，袁世凯则是命大逃过一劫。而袁世凯逼宫的动作并没有因为这个事件而停顿下来，他虽然称病休息，但仍让他的亲信继续对清廷施压。到了十二月二十五日，隆裕太后终于颁布懿旨，让幼帝溥仪退位，并把政权交给袁世凯组织共和政府，大清王朝正式走入历史之中。

热搜事件榜单

4　公元一八五〇年

- 道光驾崩　奕詝建元咸丰　奕訢受封亲王
- 广西会党四起　河南捻军起义
- 道士假行医真敛财　官员学按摩也丢官
- 港督文翰北上会商　入广州事仍谈不拢
- 四川再传强震　两万余人殒命
- 不倒首揆穆彰阿议事模棱　内阁大学士耆英崇洋媚外　咸丰一纸诏书　双双被拉下台
- 拜上帝会金田起事

8　公元一八五一年

- 太平天国成立　洪秀全自称天王
- 陆有捻军水有海盗　大清官军应接不暇
- 太平军占领永安
- 英国对华政策改变　改与法国联手施压
- 太平军分封诸王　权归东王杨秀清
- 海盗投降缴械获赦
- 对教义一知半解　太平天国闹笑话

12　公元一八五二年

- 清大军围困永安　太平军转攻桂林
- 华工暴动　海上喋血　可怜华工被拐卖出洋
- 太平军转入湖南　冯云山伤重身死
- 总督徐广缙追剿　罗镜凌十八败亡
- 煤工新编土营专掘地道　西王奔袭长沙意外升天
- 长沙激烈攻防　双方形成拉锯
- 诱卖华工被殴　英军登岸行凶
- 太平军转入湖北占领武昌
- 捻军十八铺聚义　盟主张乐行抗清
- 丁忧侍郎曾国藩受命办团练　协防乡里数十位官员获委任

17　公元一八五三年

【专题报道】太平天国的官制
- 大清太平两虎相争　西方列强宣布中立
- 曾剃头文字新解　楚练勇威力成军
- 太平军分兵开始北伐　清兵设江南江北大营
- 上海落入小刀会手中　后续洋人态度成关键
- 趁火打劫　英国人接管上海海关

【国际要闻】黑船来航　日本震撼
- 太平军北伐打进直隶　大清出重兵护卫京师
- 打仗烧钱速度太快　政府滥印钞票应急
- 北伐部队受困严冬　孤军深入前景堪忧

23　公元一八五四年

- 天王妻妾成群　南京皇城扩建
- 湘军练成　初显威风
- 清军反攻小刀会　竟遭英军击退
- 僧格林沁铁骑入关　北伐部队遭到锁死
- 俄舰驶入黑龙江内　建村设炮严重侵权
- 天地会凑热闹围广州　总督叶名琛深陷危机
- 大不列颠专搞小动作……英国人恶意拦阻海关复设　上海无奈同意关税代征

【国际要闻】黑船直入江户湾内　日本签约结束锁国
- 太平援军北上　全遭清军歼灭
- 英国援引最惠国条款　要求重新修订《南京条约》

- 湘军出击夺回武昌　国藩遭忌仅得空衔

【专题报道】湘军

- 鸦片绝迹贸易畅旺　太平天国收入可观

29　公元一八五五年

- 中法联手出击　上海硬折小刀
- 为免战祸波及　华人涌入租界
- 穷途末路被处死　北伐行动告失败
- 走私船注册英籍　以合法掩护非法
- 翼王发威大杀四方　石达开狠踩曾国藩
- 各省自行筹军费　厘金解燃眉之急
- 沙俄人续伸魔掌　大清国无力抵抗
- 镇压天地会表现"超值"　两广总督深受信任
- 日本觉醒　开始接受西方文化
- 张乐行安徽聚盟成军　数十万士兵分设五旗

34　公元一八五六年

- 翼王东返回击　攻破江南大营
- 天父下凡吩咐　东王晋升万岁
- 广东水师强降英国国旗？　英国人炒作"亚罗号"船事件！
- 天京事变！　洪秀全密诏勤王军　韦昌辉血洗东王府
- 云南回民起义　杜文秀建立政权
- 英军找借口炮轰广州　叶名琛淡定置之不理
- 石达开上疏发难　洪秀全诛杀北王
- 领事裁判权之害　洋人犯罪率攀高
- 英军总司令被当场击毙？！　叶名琛谎报军情　咸丰帝一无所知

41　公元一八五七年

- 英法结成同盟　将迫大清修约
- 捻军太平合流　张乐行听封不听调
- 官场难于战场　曾国藩丁忧告假
- 沙俄强占黑龙江左岸　径自宣布拥有管辖权
- 圣神电远离是非　石达开率军西行
- 英法联军炮轰广州　粤督叶名琛遭俘虏

44　公元一八五八年

- 俄军武力恐吓奕山　中俄《瑷珲条约》签订
- 外军直入天津　清廷危在旦夕
- 战争期间通商口岸照常营业　本国港口沦为敌军补给基地
- 耆英求和遭反驳　桂良扛谈判重责
- 英法出兵俄人得利　中俄签订《天津条约》
- 英法签约　耆英断魂
- 条约文字隐藏危机
- 屋漏偏逢夜雨　江北大营被破
- 毒品变药品　鸦片合法化

49　公元一八五九年

- 英使换约强入大沽口　炮台狂轰守军获大捷
- 英国人出任总税务司　大清失去海关主权
- 前总督叶名琛逝于印度囚所
- 武力侵中已成共识　英法诸国各怀鬼胎

51　公元一八六〇年

- 每年五百两　英国租九龙
- 九龙只要一半？　揭穿英国人葫芦里的药
- 清军加强防卫　英法舰队集结
- 攻敌之所必救　二破江南大营
- 曾国藩终于再次出阵　任两江总督办理军务
- 联军绕道避开重炮　守军不敌提督战死
- 外籍兵抗太平军　上海洋枪队成军
- 翼王兵进桂黔　清廷心力交瘁
- 英法败敌八里桥　圣驾北狩走热河
- 圆明园惨遭洋人洗劫　北京城闯入英法联军

206

- 中英法签订《北京条约》 沙俄趁机扩张领土
- 法国神父为方便传教 翻译条约竟私增条文
- 新设总理衙门 专责处理外务
- 皇帝回銮问题引斗争 恭王派与肃党竟互杠

64　公元一八六一年

- 咸丰病重推迟回銮 奕䜣被谗落居下风
- 赫德代理总税务司 受托筹办大清购舰
- 皇帝驾崩 祺祥新元 遗诏命肃顺八人赞襄幼主
- 先帝咸丰尸骨未寒 两宫争得阅折权力
- 恭王晋见太后 联手对抗肃党
- 【国际要闻】美国爆发南北战争
- 御史奏请垂帘听政 肃党驳回不动如山
- 祺祥政变 肃党傻眼 奕䜣关键出手 两宫垂帘听政
- 法俄有意军援大清 另有居心英国人插手

70　公元一八六二年

- 翼王转战入四川 清英上海抗太平军
- 法传教手法粗暴 激众怒教堂被毁
- 两宫垂帘慈禧独演 大清首度后宫主政
- 台湾强震夺命 棺木严重不足 罹难者超过一千七百人
- 靠人不如靠己 同文馆已奏准成立 培养本国翻译人才
- 清军兵围天京 翼王入川受挫
- 花钱买经验…… 英国人代购出纰漏 阿思本舰队解散

74　公元一八六三年

- 捻军张乐行被终结 翼王太平军行末路
- 外籍佣兵遭解职 立场瞬变投敌营

75　公元一八六四年

- 洪秀全病危归天 天京城破在旦夕
- 新疆起义扩大 俄人又想渔利
- 天京被破遭屠城 太平天国成云烟

77　公元一八六五年

- 走红太过后遗症 慈禧心戒恭亲王
- 僧格林沁中伏全军亡 曾国藩接手剿捻重任
- 清政府无力平叛 阿古柏席卷新疆
- 【国际要闻】美国总统林肯被刺身亡

80　公元一八六六年

- 造船厂机器局相继设立 政府积极提升国防实力
- 成也棉花败也棉花 金融风暴席卷上海

81　公元一八六七年

- 美国人当大清国使节 蒲安臣率团访美欧
- 【国际要闻】日本各藩密谋倒幕 德川祭出大政奉还

82　公元一八六八年

- 纵横八省十余年 捻军终被镇压
- 【国际要闻】日本幕府倒台 全国一致对外

83　公元一八六九年

- 太监爱打同治皇帝小报告 载淳计斩慈禧宠宦安德海

84　公元一八七〇年

- 法教堂拐卖婴幼童? 法国领事态度嚣张 被众殴死引发危机

- 阿古柏控制新疆
- 两江总督马新贻遇刺身亡
- 投名状？刺马案真相出现多种版本
- 处死百姓　赔偿道歉　天津教案清廷让步　法方接受另有隐情

87　公元一八七一年

- 资质差又不学习　小皇帝令人担忧
- 俄军借口代管　出兵强占伊犁
- 【国际要闻】日本使团参访欧美

89　公元一八七二年

- 太平军最后一役
- 慈禧不悦皇后人选　太后干涉新婚生活
- 【国际要闻】日本加速西化　富强指日可待
- 左宗棠缓进速决　胡雪岩助筹军资
- 清军重兵压境　大理起义被镇压

91　公元一八七三年

- 妄想入主新疆　英俄各有打算
- 日本欲纳琉球　借口出兵台湾
- 同治执意重修圆明园　初步估计耗费千万两
- 法国兴兵侵越南　黑旗军异域显威
- 掠卖人口获利可观　西方商人趋之若鹜

95　公元一八七四年

- 日军借故登台　大清软弱赔款
- 连皇帝都敢骗！圆明园重建现弊案　李光昭瞒天过海
- 众臣谏止工程惹怒皇帝　同治一度怒撤核心官员
- 同治驾崩幼帝光绪继位　承嗣咸丰两宫仍然垂帘

99　公元一八七五年

- 不堪慈禧精神凌虐　同治皇后绝食自尽
- 英探险队浩荡入滇　马嘉理激众怒身亡
- 南北洋大臣兼办海防　每年四百万经费投入
- 受害者变加害者　日本武力欺朝鲜
- 海防？塞防？　左宗棠终获清廷支持

106　公元一八七六年

- 恶邻就在你身边　朝鲜被迫签下《江华条约》
- 烟台再签条约　大清又失权益
- 日使入京协商　绕路另有目的
- 大军入疆水源难解　千人一队分路会师
- 史上第一条铁路完工　意外撞死人引发冲突

109　公元一八七七年

- 杨乃武合奸害人？小白菜谋杀亲夫？严刑取供成冤案　最后关头大逆转
- 船政学生分赴英法　学习造舰驾驶技能
- 左宗棠收新疆　阿古柏成回忆

111　公元一八七八年

- 抽鸦片成社会风气　吸毒者占百分之十
- 左督议请新疆建省　伊犁未复暂缓实施

112　公元一八七九年

- 日本出兵琉球岛　王国变成冲绳县
- 赴俄谈判欲索伊犁　崇厚签下离谱条约
- 向英采购军舰　竟为过时舰种

115　公元一八八〇年

- 清廷决意毁约　崇厚革职下狱　中俄双方濒临开战

208

- 传教士马偕在台设立医院
- 英国人出兵相助　李鸿章将发动武装政变？
- 电报自来水登陆　中国现代化启航

117　公元一八八一年

- 天津水师学堂成立
- 曾纪泽手段高明　伊犁城顺利收回

118　公元一八八二年

- 法国大军重踩越南　清廷软弱单方退兵
- 情势错综复杂　列强各怀鬼胎

119　公元一八八三年

- 黑旗军再显神威　越政府与法签约
- 外人无恶不作　各地爆发冲突
- 英国人故伎重演推荐旧款　德国赢得新式军舰订单
- 与洋商争夺市场失利　胡雪岩金融集团垮台
- 金融风暴背后推手　李左两派政治恶斗

123　公元一八八四年

- 清军越南失利　奕䜣黯然下台
- 昔日战友　今日仇敌　慈禧与奕䜣关系生变
- 越南战火延烧……　清廷不断退让　法方一再进逼
- 法军舰入袭基隆　刘铭传搒敌反击

125　公元一八八五年

- 天津武备学堂成立　聘请德国陆军教练
- 法军战败内阁倒台　中法停火签订和约
- 中日朝鲜问题敲定　埋下日军入朝伏笔
- 海军事务衙门成立　慈禧暗藏经费修园
- 大清国建立第廿行省　刘铭传转任台湾巡抚
- "定远"级战舰入列　战斗力亚洲第一

128　公元一八八六年

- 英国殖民缅甸　大清提出抗议
- 四川重庆再传教案　酿成冲突多人死伤
- "定远"级舰为假想敌　日本筹资造"三景舰"
- 舰队访问日本长崎　意外酿成流血冲突

130　公元一八八七年

- 长崎事件互赔结案　日本仇华意识高涨
- 亲政大典沦为形式　皇帝掌权仍需再等
- 近代化建设脚步加快　广东台湾再踩油门

132　公元一八八八年

- 印度茶取代中国茶成为市场新宠
- 北洋舰队风光成军　领导阶层潜藏隐忧
- 【专题报道】大清国国旗
- 乞丐捐出所得　武训兴办义学
- 天下父母心　奕譞用心良苦？
- 【专题报道】颐和园

135　公元一八八九年

- 提建言忤及太后　屠仁守惨遭拔官
- 光绪大婚亲政　太后仍操实权

136　公元一八九○年

- 日天皇捐钱造舰　慈禧后生活奢靡
- 仿洋银成色重量　张之洞开铸龙银
- 杨衢云创立辅仁文社　知识圈宣扬民主新知

138　公元一八九一年

- 劳工长期受欺压　开平煤矿闹罢工
- 洋教堂涉及拐卖幼童案　酿暴动政府缉凶并赔钱

209

139　公元一八九二年
- 反教文宣波及　候补道员遭殃
- 杖责站笼猴抱桃　官府酷刑令人惊
- 北洋舰队储弹不足　舰队实力恐打折扣

141　公元一八九三年
- 朝鲜东学党骚动　当地情势陷紧张
- 日军参谋次长川上　亲自至津实地勘察
- 日本"吉野"战舰下水　海军实力不可小觑
- 台湾铁路基隆至新竹段通车

143　公元一八九四年
- 无视大清警告　日军入主朝鲜
- 丰岛爆海战　中日首交锋　清军受创严重
- 日本军奔袭牙山　叶志超望风遁逃
- 北洋舰队立足防守　援朝陆军趁夜后撤
- 中日两大舰队　黄海交火恶斗
【专题报道】北洋海军主要实力一览
- 甲午海战真相揭秘
- 日军入侵大清国本土！　大连旅顺落入倭手　北洋舰队远遁威海
- 华侨爱国又投资一举两得　孙文成立兴中会募集资金

149　公元一八九五年
- 被日军困死威海卫　北洋舰队全军覆没
- 兴中辅仁双社合并　杨衢云出任总会长
- 李鸿章赴马关谈判　电报密码遭日破解
- 春帆楼回程近身枪响　李鸿章当街遇刺溅血
- 马关条约赔偿天价二亿两　台湾割让日本
- 康有为公车上书　读书人开始觉醒
- 小站组建新陆军　清廷相中袁世凯
- 康梁办报创强学会

156　公元一八九六年
- 大清国向外巨额借款　英国紧握大清海关
- 为了逐狼却引虎　大清与俄签密约
- 《时务报》发行数量破万　梁启超宣传变法维新
- 清使馆伦敦诱捕孙文　孙逸仙脱险享誉国际

158　公元一八九七年
- 大清国自设通商银行　汇丰仍占金融鳌头
- 康有为再组圣学会　维新刊物雨后春笋
- 曹州又闹教案　德国必做文章

160　公元一八九八年
- 德军借口曹州教案　强租胶州湾九十九年
- 各国瓜分出现危机　光绪急欲变法图强
- 新界租给英国　直到一九九七
- 政府仿外发行公债　弊端丛生紧急喊停
- 光绪下令变法维新　新手上路操之过急
- 帝后交锋　慈禧紧握朝政人事　光绪拉拢袁帅新军
- 太后政变架空皇帝　戊戌维新百日梦醒

164　公元一八九九年
- 康梁成立保皇会　主张立宪反革命
- 美国提出门户开放　英国人背后老谋深算
- 义和拳扶清灭洋闹山东　毓贤收编民团惹怒洋人
【专题报道】义和拳
- 捏造病情　册立阿哥　慈禧欲废光绪　列强出手反对

167　公元一九〇〇年
- 袁世凯追剿义和团民　老佛爷扶植纨绔亲贵

210

- 清廷阳剿阴抚　直隶全面失控
- 八国联军出动　拳民大闹北京
- 联军加码攻陷天津　直督战败自尽军前
- 多省督抚划清界限　东南互保置身战外
- 俄军入侵黑龙江　屠杀数千条人命
- 八国联军入紫禁　太后皇帝奔西安
- 俄军闪电入袭盛京　开出严苛赎回条件
- 郑士良惠州起事失败　杨衢云香港遭人暗杀

172　公元一九〇一年

- 东吴大学于苏州成立
- 老佛爷下令推行新政　外务部成六部之首
- 大清同意天价赔偿　双方签订《辛丑条约》
- 李鸿章病逝北京　评价呈正反两极
- 清廷续推新政改革　废除八股改试策论

175　公元一九〇二年

- 豪华列车盛大排场　太后风光回京
- 沙俄签约允撤军　清失国防自主权

176　公元一九〇三年

- 续推新政　商部及练兵处成立
- 俄人食言不退兵　各界引发抗俄潮
- 二虎抢食东北肥肉　日俄战争无可避免
- 财政岁入再创新高　赔款黑洞赤字惊人
- 【科技新知】莱特兄弟试飞成功

178　公元一九〇四年

- 民风转变　各地争抢自办铁路
- 日俄军大战　日本军据旅顺

179　公元一九〇五年

- 日本完胜沙俄　东北权利又转手
- 国家觉醒　教改启动　科举制度终于喊停
- 高墙动摇　慈禧允诺预备立宪　将派专员出国考察
- 火车站惊传恐怖攻击　考察团官员被炸受伤
- 【科学新知】爱因斯坦发表狭义相对论
- 孙大炮魅力狂扫东京　同盟会提出三民主义
- 太荒唐！陆军贵胄学堂成立　贵族学生荒唐至极

183　公元一九〇六年

- 教士威逼　知县自刎　南昌万人走上街头　焚毁教堂击毙洋人
- 二次启动异常低调　考察团分批出国
- 【专题报道】立宪体制
- 中英就西藏问题达成协议
- 考察团建议仿日设责任内阁　正反两派争论不已尚未定论
- 改革虎头蛇尾　大清原地踏步

186　公元一九〇七年

- 东北改制　分设三省
- 天津试办独立审判　司法制度开启新元
- 敦煌珍贵文物竟外流　将由大英博物馆收藏
- 安徽巡抚被刺身亡　徐锡麟秋瑾被捕处死
- 万牲园对外开放
- 同盟会起义不断　清政府头痛万分

189　公元一九〇八年

- 帝后最后决战？！光绪慈禧双传病重
- 同盟会黄兴以寡击众　革命党虽败士气大振
- 庚子索款过多　美国答应退款
- 清廷颁布《宪法大纲》　预备时间定为九年
- 光绪驾崩　慈禧仙逝　皇帝死因成谜
- 宣统继位　载沣掌权　袁世凯遭排挤暂离政坛

192　公元一九〇九年

- 粤汉铁路问题引发地方乡绅富商不满
- 各省代表建请速开国会　请愿遭到清廷明确拒绝

193　公元一九一〇年

- 广州新军起事造反　统治工具竟助革命
- 谋炸摄政王行动未遂　汪精卫被捕终身监禁
- 米价高涨民不聊生　各地发生民众骚动
- 投资公司吸金卷款数千万两　橡胶类股崩盘　上海金融大乱
- 民意沸腾　清廷松口　国会将于宣统五年召开

196　公元一九一一年

- 中央实施责任内阁制　皇族成员过多引挞伐
- 内阁第一号令　铁路收归国有
- 公义？私利？　四川铁路亏损严重　保路组织对抗政府
- 黄花岗起义黄兴领军　七十二烈士成仁
- 政府强硬收回铁路　成都引爆流血冲突
- 水电报效果惊人　革命者重重包围成都　端方率领湖北新军入川平乱
- 政府军紧急调防四川　革命党湖北蠢蠢欲动
- 辛亥革命取得首胜　十八星旗武昌飘扬
- 计划赶不上变化！　武昌起义最终成功
- 清廷取消发禁
- 黎元洪发抖中被拱任都督　革命成果遭政客轻松夺取
- 北洋派将领死命效忠　袁世凯出任内阁总理
- 革命现骨牌效应　十五省宣布独立
- 袁氏架空清廷　南北展开协商　南京自推孙文为临时大总统
- 宣统皇帝退位　大清王朝终结

北京市版权局著作权合同登记号　图字：01-2017-6854

中文简体版（ⓒ）2024年，由中国法制出版社出版。
本书由远流出版事业股份有限公司正式授权，同意经由Ca-link International LLc代理，授权中国法制出版社出版中文简体字版本。非经书面同意，不得以任何形式任意重制、转载。

图书在版编目（CIP）数据

清朝热搜榜. 王朝哀歌卷 / 黄荣郎著. -- 北京：中国法制出版社，2024.4
　　ISBN 978-7-5216-4309-1

Ⅰ. ①清… Ⅱ. ①黄… Ⅲ. ①中国历史－清代－通俗读物 Ⅳ. ①K249.09

中国国家版本馆CIP数据核字(2024)第050109号

策划编辑：李　佳　孙璐璐
责任编辑：刘冰清　　　　　　　　　　　　　　　封面设计：汪要军

清朝热搜榜. 王朝哀歌卷
QINGCHAO RESOUBANG. WANGCHAO AIGE JUAN

著者 / 黄荣郎
经销 / 新华书店
印刷 / 三河市紫恒印装有限公司
开本 / 710 毫米 × 1000 毫米　16 开　　　　　　印张 / 14.5　字数 / 312 千
版次 / 2024 年 4 月第 1 版　　　　　　　　　　2024 年 4 月第 1 次印刷

中国法制出版社出版
书号 ISBN 978-7-5216-4309-1　　　　　　　　　　　　　　定价：58.00 元

北京市西城区西便门西里甲 16 号西便门办公区
邮政编码：100053　　　　　　　　　　　　　　传真：010-63141600
网址：http://www.zgfzs.com　　　　　　　　　编辑部电话：010-63141837
市场营销部电话：010-63141612　　　　　　　　印务部电话：010-63141606

（如有印装质量问题，请与本社印务部联系。）